近代日本の都市体系研究
― 経済的中枢管理機能の地域的展開 ―

阿部和俊著

古今書院

復刊にあたって

　本書は拙著『日本の都市体系研究』（地人書房　初版は1991年）の第5章「経済的中枢管理機能の地域的展開」を単著として復刊したものである。同書は、経済的中枢管理機能を指標として日本の主要都市を1907・1908〜1985年までを対象として分析したものである。そこで得た結論の1つは、この機能からみると日本の主要都市について、2つの重要な時期があったということである。1つは1920年代後半から1930年代前半の10年、もう1つは1960年代のいわゆる高度経済成長期である。

　1930年前後の10年間の大きな変化の1つは県庁所在都市の成長であった。この時期、多くの県庁所在都市の都市機能は充実し、各県で確固たる地位を築いた。上述の拙著の第5章は、この点について、銀行支店網、電灯電力供給区域、新聞社通信局網、製造業企業の支所の面から分析したものである。表現を変えれば、金融、エネルギー、情報、生産を担う機能を取り上げて分析したものである。

　同書を刊行した地人書房は石原真人社長の他界により解散した。筆者は現在、経済的中枢管理機能を指標として日本の都市と都市体系の歴史的・時系列的な再検討を企画中であるが、それにはまだ時間がかかる。しかし、同書の第5章はこれだけでまとまっていて書き換える必要性を感じない。筆者は、この章だけを独立させて1つの書として刊行したいと考えるようになった。そして、地人書房の石原律子氏のご好意により古今書院から刊行することを快諾していただいた。地人書房の石原律子氏と古今書院の関田伸雄氏に深く感謝する次第である。

　『日本の都市体系研究』の初版は1991年であるが、幸い、2000年の6刷まで版を重ねた。不本意ながら、初版にはミスもあったため、増刷のたびに修正に努めてきた。この本では6刷のものを基本にしている。また、同書は図

表の体裁がやや不揃いであったが、今回、古今書院により統一した体裁に整えていただいた。

平成22年4月11日

阿部　和俊

目　次

第1章　序　論　　　　　　　　　　　　　　　　　　　　　1

第2章　銀行支店網の変遷　　　　　　　　　　　　　　　　5

　　1.　資料、対象年次ならびに分析の手順　　　　　　　　5
　　2.　第二次世界大戦前の銀行業の概要　　　　　　　　　6
　　3.　全国レベルでの支店網　　　　　　　　　　　　　　8
　　4.　地方レベルでの支店網　　　　　　　　　　　　　　13
　　5.　県庁所在都市の台頭要因　　　　　　　　　　　　　31
　　6.　要約　　　　　　　　　　　　　　　　　　　　　　43

第3章　電灯電力供給区域の変遷　　　　　　　　　　　　　45

　　1.　資料、対象年次ならびに分析の手順　　　　　　　　45
　　2.　第二次世界犬戦前の電気事業の概要　　　　　　　　46
　　3.　電灯電力供給区域の変遷　　　　　　　　　　　　　48
　　4.　企業合同の経緯　　　　　　　　　　　　　　　　　56
　　5.　電気事業政策の推移と地方別ブロック案　　　　　　63
　　6.　県庁所在都市と地方中心都市の台頭要因　　　　　　69
　　7.　要約　　　　　　　　　　　　　　　　　　　　　　75

第4章　新聞社通信局網の変遷　　　　　　　　　　　　　　77

　　1.　資料、対象年次ならびに分析の手順　　　　　　　　77

2. 第二次世界大戦前の新聞業の概要と国の新聞政策の推移　　78
　　3. 通信局網の推移　　81
　　4. 要約　　98

第5章　製造業企業の支所配置の変遷　　99

　　1. 資料、対象年次ならびに分析の手順　　99
　　2. 対象企業の概要　　100
　　3. 製造業企業の支所の展開　　101
　　4. 製造業企業の支所配置と銀行支店網との比較　　120
　　5. 要約　　129

第6章　結論　　131

注および文献　　133

索引　　143

第1章 序　論

　この本では、銀行、電力会社、新聞社、製造業企業を取り上げ、それぞれ、支店網[1]、電灯電力供給区域、通信局網、支所網の推移をみることによって、近代日本の時期におけるわが国の都市体系の変遷を検討する。ここに取り上げる4業種のうち、前3者には共通した性格がある。それは、いずれもその産業の草創期においては全国各地に数多くの企業の創立をみたが、様々な要因（主として企業合同）によって次第に淘汰されていき、第二次世界大戦を迎える頃には各県あるいは各地方に1～2の企業をみるに過ぎなくなってしまったことである。そのことは、もちろんこれらの産業のもつ意味が減少したことではなく、ますます重要性を高めるなかで、少数の企業が各県、各地域の主要都市に本社を置いてより強い影響力を行使するようになったことを意味している。地理学の分野での関心は、このような企業合同のもたらす結果が空間的にどのように出現するかということである。企業合同はより大きな都市に存在する企業によって主導され、その支店網、電灯電力供給区域、通信局網も大きな都市を中心に再編成されていった。その大きな転機はいつ頃であったのか、また、その社会的背景はどのような状況であったのかということを解明することをこの本の目的としたい。

　前述の3業種に対し、製造業はその業態の違いから支所網の展開も後述するようにやや異なった性格をもっている。だが製造業においても、この時期はきわめて重要であった。既研究で述べたように、企業数、支所数とも増加し、しかも3大都市と広域中心都市においてその増加が大きく、現在の状況に至る出発点ともいえる時期であった。既研究では全体的な記述に終始したが、この本では細かい検討を行う。なお、いずれの分析においても台湾と朝鮮は分析の対象からはずしている。

銀行を取り上げたのは都市機能として重要であると同時に普遍的なものであるため、全国的な展開と地方的な展開を平行してみられるからである。

　後段で述べるように、わが国の銀行数は1900年から1940年までの40年間に大きく減少する。その大きな原因は銀行の合同である。そして上述したように筆者の関心は合同のもたらす結果が空間的にどのように出現するかということである。銀行支店網の変遷を全国的・地方的両方のレベルでみる。

　銀行支店網に続き、電灯電力の供給区域の問題を取り上げる。わが国の電力事業は明治時代に始まったが、初期の頃は規模も小さく、ささやかなものであった。それが産業の進展、市民生活の向上に伴って、電気事業は次第に重要な位置を占めるようになった。それにつれて電灯電力供給会社の数も増加し、電灯は全国に普及していくが、合同や事業譲渡の繰り返しで、やがては少数の企業のみが生き残ることになる。一方、電気というものの重要性から次第に国の政策が企業の存亡・経営に大きく関わるようになり、とくに企業の統廃合における指導性の強化は著しいものがあった。この点において、銀行と斯業はきわめて類似している。

　そこで、銀行の場合と同様、斯業において繰り返された企業合同が、空間的にどのような意味をもっていたかという点を中心に分析を行いたい。社会的経済的状況や国の政策が企業の合同に影響を与えている以上、筆者の関心はこれらと企業合同の関係に、そして、それが行われる舞台となる都市の分析に最終的には到達する。

　第二次世界大戦前わが国の電気事業は、後述するように民営によって始められたが、1942年の配電会社の設立によって官営になる。配電会社は9社つくられるが、この9配電会社が第二次世界大戦後から今日に至る9つの電力会社の基礎になっていることはいうまでもない。

　9つの配電会社にまとめられる前に、わが国の電気事業はなお多数を数えた。しかし、その実態は少数の大規模事業者と多数の小規模事業者の併存であった。少数の大規模事業者は国家統制の強くなる以前から、弱小の事業者を統合吸収していた。そこには指導統制とはいかなくても、慫慂という言葉で表現される国の意志が大きく働いていた。そのようなことが9つの配電会社が成立する客観的素地になっていたともいえる。つまり、既に有力事業者（それは多くが

各地の有力都市に本拠をおいていた）にまとめられていたということが、電力の国家管理の容易な達成を可能にすることになったとも考えられるからである。

　企業合同と具体的な供給区域の変遷をみることによって、各地のより重要な都市への機能の集中過程を描きたいと考える。とりわけ、この点における県庁所在都市の果たした役割と、同時に各地方単位で考えた場合、その地方の中心都市の重要さの増大という点にポイントをおいて検討する。

　次に銀行、電気事業に続き、新聞社を分析の対象として取り上げる。新聞社を取り上げる理由は、これがかつては非常に多くを数えたが、次第に減少し、やがては国策によってまとめられたという、前2者と同様の歴史的な経緯をもっているからである。さらに、銀行が金融を、電力会社がエネルギーを担う部門の代表とすれば、新聞は情報部門の代表である。銀行においてはその支店網を、電気事業においてはその電灯電力の供給区域を分析するが、新聞社についてはその通信局網を取り上げたい。新聞社の通信局網がいつ頃からどのように展開し、整理されてきたのかということを把握することを目的とする。

　続いて同時期における製造業企業の動向を検討する。ただし、製造業企業の場合は銀行、電気事業、新開業とは性質を異にする。それは第1に、この時期の銀行業、電気事業、新聞業などがその草創期には全国のいたるところにみられ、次第に整理されて少数の重要な都市のみが最終的に本社をもつようになったのに対し、製造業は当初より東京・大阪などの大都市、あるいはかつての6大都市を含む府県において圧倒的に多くの企業が存在していたが、その他の都市あるいはその他の県には主要な製造業企業はそれほど多くはなかった。

　第2に、銀行業、電気事業、新聞業はそれぞれがまとまった業種であるのに対し、製造業というのは基本的には1つの範疇では一括することができないほど種々の業種を含んでいるので、個々の業種ではともかく、製造業としては企業合同というのは前3業種のような形では、通常ありえない。

　第3に、一般に製造業企業は銀行の支店や新聞社の通信局ほどには多くの支所を（この当時は）広範囲に展開させていない。

　第4に、製造業企業は当然のことながら、生産の現場、つまり工場を有していること、などである。

前3業種のなかでも、電気事業においては発電所という生産の現揚があり、新聞業においても新聞紙面を製作する現場というものがある。しかし、この時期の発電が主に水力発電であったことはその生産の現場は自ずと限定されるし、新聞の製作（印刷）というのはいわゆる一般の製造業の工場と同じ性質のものではない。このように製造業というのは前3業種とは相当に性格を異にするが、この分析も高次都市機能よりわが国の都市あるいは都市体系を論ずるには不可欠である。経済的中枢管理機能が注目されるにいたった大きな理由が、この製造業企業の本社と支所の動向であった経緯を鑑みると、なおのこと製造業企業の分析は重要である。本社の動向と第二次世界大戦後の支所の動向については『日本の都市体系研究』（阿部1991）で述べたので、本書では近代における支所配置について述べる。

　以上のような製造業の特異性を考慮すると、研究の方法も前3業種の場合とは自ずから異なってくる。当初よりその本社分布が大都市に偏在していること、そして1企業あたりの支所の数がそれほど多くないこと、生産の現場とは離れて本社、支所が都心部に立地することなどを考慮すると、なによりも大都市（を含む府県）の状況を分析することが重要であろう。したがって、東京府と大阪府に本社を置く企業の支所の展開、そして反対に、この2府以外に本社を置く企業の東京、大阪への支所の設置状況の検討ということに焦点を当てたい。

第 2 章　銀行支店網の変遷

1　資料、対象年次ならびに分析の手順

　作業の基礎資料としては大蔵省理財局（のち銀行局）編纂の『銀行総覧』を用いた。『銀行総覧』は 1896 年に第 1 回が刊行された。当時の斯業の状況、とくに本支店の分布状況を知るには最適である。

　研究対象とする期間は 1896 年から 1940 年までの 45 年間である。この間の銀行数の推移を図 1 に示した。この 45 年間のなかで、とくに 1896、1900、1915、1928、1940 の 5 年次を中心に取り上げる。

　具体的には次のような分析を行う。1）1896〜1940 年の間に東京、大阪

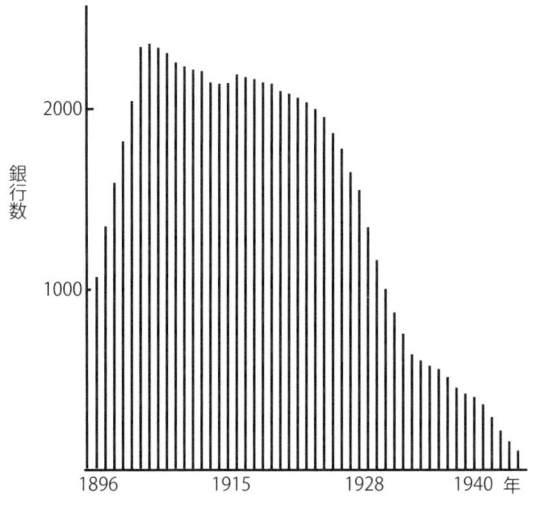

図 1　銀行数の推移
資料：後藤新一『本邦銀行合同史』1968　pp.494〜499

両市に本店を構える銀行の支店がどのように展開されていったのか。2）県単位でみたときに、同期間に支店網はどのように展開されていったのか、あるいは再編成されていったのか。1）では全国的なレベルでの変遷をみるのに対し、2）ではその下の地方レベル、県レベルの状況をみることになる。当然のことながら、地方レベルでも東京系、大阪系銀行の支店網の展開とその影響は認められるわけであり、地方の地元資本による支店網の再編成と大都市系銀行の支店による影響の双方を検討する。2）においては県内と県相互間の問題があるが、両方とも取り上げることにする。

　当時の銀行は多種多様であったが、ここでは特別銀行、農工銀行、貯蓄・貯金銀行、普通株式銀行、合資・合名銀行、各人、個人銀行のすべてを対象とした。また、当時は出張所・出張店が多くみられるが、ここではこれらも支店のなかに含めて同列に扱っている。

2　第二次世界大戦前の銀行業の概要

　わが国の銀行は1872年の国立銀行条例により始まる。1876年には三井銀行が設立され、普通銀行も営業を開始した。しかし、当初は国立銀行が多く普通銀行は少なかった。1900年前後には各種特殊銀行が整備される一方、普通銀行も急増して1901年に銀行数は最高となる。大都市から地方の片田舎まで銀行の立地をみた。だが多くの普通銀行は機関銀行的な性格が強く、その資金基盤も脆弱であった。したがって不景気や恐慌のたびに地方の小銀行は破綻したり、解散廃業して1901年を頂点に全国の銀行数は減少を始める。このような状況に対し、政府は銀行の大規模化、銀行合同の促進対策をとった。そこには銀行合同を通じて、小銀行を大銀行の支店化とする意図があった。しかし、当初銀行合同はあまり進展していない。1900年は銀行合同化以前の濫立した状態を示すために取り上げた。

　第一次世界大戦中から戦後にかけて、一時的な好況期を迎え増資ブームが起きる。わずかの間銀行数も増加するが、すぐにそれまで遅々として進まなかった銀行合同が進捗し始める。1915年はその前段階の年である。

　1920年代に入ると、大戦景気の反動恐慌に見舞われる。1920年代には、

銀行は少数の大銀行を除くと業績が悪化する。とくに地方小銀行の経営悪化は著しく、このことが一層政府の銀行合同政策を強めた。銀行の合同は1927年の金融恐慌を機に決定的に進んだ。図1からも激しい勢いで銀行合同が行われたことがよくわかる。銀行合同の形態にも地域差や時代差があり、比較的大規模な銀行を中心に周辺の小銀行が吸収されていくような場合と、小銀行が相互にあいまって有力な銀行を新設するような場合とがあった。どのような形にしてもこの時期の銀行合同によって銀行数は減少して、後の1県1行主義[2]の基礎ができあがっていく。1928年は金融恐慌の翌年であり、新銀行法[3]の実施年次でもあって銀行合同が急激に進展する年である。

　1940年には、さらに銀行数は減少する。全国でわずか362行となった。1901年の15分の1である。この年はわが国全体が準戦時体制下に入るとともに銀行合同もほぼ終了に近づいた時期である．対象とした各年次は以上のように位置づけられる。

　各年次の道府県別銀行数について触れておこう。既に指摘したように、わが国の銀行数は1901年を頂点に減少するが、各道府県の推移もほぼ同様である。対象となる5年次のなかでは東京府ほか5、6県を除いていずれも銀行数は1900年が最高で、1915年は横ばいかやや減少した県が多い。そして、1928年にはいずれも大きく減少し、1940年にはさらに減少している。例えば、東京都においては1900年に194行、1915年に199行の銀行がみられたが、1928年には74行に、1940年には24行に減少した。大阪府や兵庫県においても同様であり、1900年の106行、179行からそれぞれ16行、28行に減少している。1896年に最も銀行の多かったのは静岡県であり107行を数えたが、1900年に171行となった後は減少を続け、1940年には14行に減少している。中国、四国、東北地方の諸県と宮崎、鹿児島両県のように当初から銀行数の少ないところもあり、各道府県の事情によって銀行数には相当の差がある。しかし、基本的な増減傾向には大きな差異はないといえよう。

3 全国レベルでの支店網

東京系・大阪系銀行の支店網の展開

　表1は東京と大阪に本店をおく銀行が支店を出していた都市の数と支店数を、道府県別にまとめたものである。東京系の銀行は比較的早くから全国的に支店を出していたことがわかる。この数字は東京に本店をおく銀行の合計であって、すべての東京系銀行が全国的に支店を配置させていたわけではない。銀行によって支店の分布は異なっている。

　1896年当時、東京系の銀行で最大の支店網をもっていたのは三井銀行であるが、その支店数は全部で22である[4]。次いで川崎銀行が15支店をもっていたが、その分布は千葉県と茨城県に偏在していた[5]。東京第一国立銀行は9支店で、当時のわが国の重要都市に配置されていた[6]。この3行以外では支店の数は少なかった。1900年も1895年と状況はほぼ同じである。

　1915年になって支店数、設置県ともに増加する。大銀行の支店数も増加して、この年全国に10以上の支店をもっていたのは日本、川崎貯蓄、報徳、共栄貯金、第一、第三、三井、安田の8銀行となった。第三銀行のように偏った支店分布（13支店のうち大阪府4、鳥取県3、島根県3）をもった銀行もみられるが、以前に比べればその分布は全国に広がった。

　1928年には飛躍的に支店数が増加し、宮崎県を除く全道府県に、少なくとも1店は東京系銀行の支店がみられた。とりわけ、神奈川、京都、大阪、福岡の諸府県における増加は顕著である。この理由は新しく支店を設置したこともあるが、安田銀行の関係会社大合同（1923年）[7]に代表される銀行合同によって、地方銀行の支店が東京系銀行の支店網に組み込まれたことが大きい。安田銀行の支店数は1915年には21であったが[8]、1928年には155の支店を数えた[9]。日本勧業銀行も1921年から1927年までの間に21の農工銀行を吸収して[10]、その支店網を拡大した。第一銀行もこの期間に東海銀行を吸収する（1927年）など、都市銀行の地方銀行支配は一般的に熱心ではなかった[11]といわれるものの、このような合同が東京系銀行の支店網の全国への拡大に寄与したことは事実である。

第 2 章　銀行支店網の変遷

表 1　東京系・大阪系銀行の支店配置変遷

	1896		1900		1915		1928		1940	
	東京系	大阪系	東京系	大阪系	東京系	大阪系	東京系	大阪系	東京系	大阪系
北海道	11 (5)		10 (5)		14 (6)		23 (9)		23 (9)	
青　森	1 (1)		2 (1)		4 (3)		3 (2)		3 (2)	
岩　手	1 (1)		1 (1)		2 (1)		1 (1)		2 (1)	
宮　城	1 (1)				3 (1)		3 (1)		4 (1)	
秋　田	1 (1)		3 (3)				5 (3)	1 (1)	3 (1)	1 (1)
山　形			1 (1)		3 (2)		6 (4)		6 (4)	
福　島	5 (4)		8 (7)		14 (10)		8 (6)	1 (1)	6 (4)	
茨　城	6 (5)		4 (3)		8 (5)		10 (3)		3 (2)	
栃　木	1 (1)		2 (2)		3 (3)		9 (4)		8 (3)	
群　馬							8 (6)		8 (5)	
埼　玉	4 (4)		8 (8)		15 (14)		11 (9)		6 (5)	
千　葉	11 (10)		13 (11)		21 (16)		18 (9)		10 (7)	
東　京	—	3 (1)	—	4 (1)	—	16 (1)	—	38 (2)	—	53 (1)
神奈川	8 (3)		11 (3)		13 (1)	1 (1)	31 (5)	2 (1)	27 (4)	1 (1)
新　潟	1 (1)		2 (2)		3 (2)		5 (3)		4 (2)	
富　山					1 (1)		4 (2)		4 (2)	
石　川	1 (1)		2 (2)	1 (1)	8 (2)	1 (1)	7 (1)	1 (1)	5 (1)	
福　井		1 (1)		1 (1)	2 (2)	1 (1)	8 (4)		4 (1)	
山　梨					1 (1)		3 (1)		3 (1)	
長　野	1 (1)		4 (3)		3 (1)		12 (9)		14 (8)	
岐　阜	1 (1)				1 (1)		1 (1)		2 (1)	
静　岡					4 (3)		9 (2)		7 (2)	
愛　知	3 (2)	1 (1)	4 (1)	3 (3)	11 (3)	5 (2)	19 (3)	10 (3)	19 (4)	9 (3)
三　重	5 (4)		5 (5)				9 (5)		9 (5)	
滋　賀	1 (1)	1 (1)	1 (1)	3 (3)	2 (1)	7 (7)	12 (10)		4 (3)	
京　都	4 (1)	4 (3)	5 (2)	16 (4)	28 (2)	15 (2)	67 (5)	47 (1)	44 (3)	34 (1)
大　阪	11 (1)	—	7 (1)	—	32 (2)	—	113 (6)	—	87 (6)	—
兵　庫	2 (1)	6 (5)	5 (1)	13 (7)	9 (1)	15 (5)	38 (9)	37 (10)	31 (4)	36 (10)
奈　良		1 (1)		5 (5)	1 (1)	1 (1)	4 (3)	2 (2)	3 (2)	2 (2)
和歌山	1 (1)		1 (1)		1 (1)	2 (2)	4 (2)	7 (3)	4 (2)	12 (7)
鳥　取	5 (4)		5 (4)		5 (4)		5 (3)	9 (8)	4 (2)	
島　根	1 (1)		3 (3)		3 (3)		3 (1)	3 (3)	3 (1)	
岡　山		1 (1)		2 (1)	3 (1)	6 (1)	19 (10)	7 (1)	15 (9)	4 (2)
広　島	2 (2)	1 (1)	1 (1)	1 (1)	10 (4)		19 (4)	26 (10)	19 (5)	13 (6)
山　口	2 (1)		1 (1)		5 (4)	2 (2)	19 (10)	2 (2)	9 (4)	2 (2)
徳　島		1 (1)	1 (1)	1 (1)		1 (1)	1 (1)	10 (8)	2 (1)	10 (8)
香　川				4 (4)	1 (1)		6 (3)	1 (1)	7 (3)	
愛　媛				1 (1)	2 (1)	1 (1)	1 (1)	1 (1)	7 (5)	1 (1)
高　知							2 (1)	2 (1)	2 (1)	2 (1)
福　岡		2 (2)	4 (2)	5 (4)	12 (5)	10 (7)	38 (12)	10 (5)	30 (9)	10 (5)
佐　賀					1 (1)		2 (1)	1 (1)	2 (1)	
長　崎	1 (1)		1 (1)		2 (1)		7 (3)		4 (2)	
熊　本	1 (1)		1 (1)		4 (2)	2 (2)	14 (7)	2 (1)	8 (3)	1 (1)
大　分							1 (1)	3 (2)	2 (1)	
宮　崎									1 (1)	
鹿児島	1 (1)	2 (2)		1 (1)	3 (3)		22 (20)		14 (10)	
沖　縄							1 (1)		1 (1)	

注）数字は支店数、（　）内は支店が立地していた都市数
資料：『銀行総覧』

1928年に東京系銀行の支店が鹿児島県で一挙に22も現われたが、これは1920年に行われた十五銀行を中心とする合同で、浪速銀行（本店は大阪）がもっていた支店を受け継いだためである。その結果、大阪系銀行の支店が鹿児島県で消滅した。銀行合同の影響の一例である。いずれにしても1915年から1928年の間に東京系銀行の支店は全国に広がったのである。
　一方、大阪系銀行の場合は東京ほか数県を除いては、いずれの年も愛知県以西に支店は限られている。常にその配置は近畿地方が中心であるが、1928年には長崎、大分、宮崎、鹿児島、沖縄県を除く西日本の各県に支店が広まった。とくに、広島、岡山、徳島県での増加が多い[12]。 1940年にもこの状況は基本的に引き継がれている。東京系銀行と同様、1915～1928年の間にその支店配置に1つの転機があったといえよう。
　1915～1928年にかけて銀行支店網が広がるにつれて、支店の設置されている都市数も当然増加した。安田銀行のように大合同を行った銀行は地方銀行の支店を引き継いでいるので、小さな都市にも支店をもっていた。表1に示された都市数の増加はそのことの反映である。1940年には支店数、都市数とも減少傾向をみせるが、これは1933年8月の銀行新政策によって、普通銀行の支店、出張所の整理が促進されたためである。この時期、銀行をとりまく状況は厳しいものがあり、新政策により、むしろ自発的に各銀行は営業成績不良の支店の整理を進めた[13]。その結果、2大都市系銀行も比較的小都市のものは整理されたのである。

東京系・大阪系銀行の西日本地方への進出
　この2大都市系銀行の支店は具体的にどの都市に出ていたのか。例として西日本地方17県を対象として検討する。
　表2は各年次の両都市系銀行が西日本地方へ出していた支店の状況である。両都市系銀行の支店が1つでも置かれていた都市は1896年には16であったが、次第に増加して1928年には98になった。1940年にはやや減少して70都市となっている。1896年には鳥取、下関などで2支店を数えたほかは、いずれも1支店であった。1900年には門司以下7都市で2～5支店を数えた。そして、両都市系の支店が置かれていたのは門司、徳島、広島だけであった。

第2章 銀行支店網の変遷

表2 西日本主要都市の銀行支店数

	1896		1900		1915		1928		1940	
	東京系	大阪系	東京系	大阪系	東京系	大阪系	東京系	大阪系	東京系	大阪系
鳥取	2	0	2	0	2	0	3	1	3	0
米子	1	0	1	0	1	0	1	2	1	0
境	1	0	1	0	1	0	0	0	0	0
松江	1	0	1	0	1	0	3	1	3	0
岡山	0	1	0	2	3	5	10	6	7	3
広島	1	0	1	1	8	2	12	9	11	6
呉	1	0	0	1	1	1	1	8	1	3
福山	0	1	0	2	0	2	3	0	4	0
下関	2	0	1	0	2	1	9	1	6	1
徳島	0	1	1	1	0	1	1	3	2	3
高松	0	0	0	0	0	0	3	1	3	0
松山	0	0	0	0	2	0	1	0	3	0
門司	0	0	3	2	3	1	7	2	6	1
若松	0	1	0	2	1	2	3	1	2	1
福岡	0	0	0	1	6	3	9	5	8	4
久留米	0	0	0	0	1	1	4	2	3	2
大牟田	1	0	1	0	0	0	1	0	1	0
長崎	1	0	1	0	2	0	5	0	3	0
熊本	0	0	1	0	3	1	8	2	6	1
鹿児島	1	1	0	0	0	1	4	0	4	0
那覇	0	0	0	0	0	0	1	0	1	0
支店所在全都市数	16		27		38		98		70	

注）支店所在全都市数にはその他の都市を含む
資料：『銀行総覧』

1915年になると広島をはじめ13市が2店以上となった。非常に増加したわけだが、ここで注目されるのは、いくつかの県庁所在都市での増加が顕著なことである。

後述するように1915年には県庁所在都市といえども、各県における支店網は他市町村の支店網と大差なかったが、2大都市からの支店設置は比較的早くから行われていた。このこともその後の県内レベルでの支店網の統一に寄与したのではないかと推測される。

地方銀行の東京、大阪への出店状況

反対に、各地方の銀行が各年次どのくらい東京、大阪に支店を出していたかを検討しよう。いずれの年においても、東京への出店状況は大阪をはじめ

とする数県を除いては、愛知以東の県の銀行に限られていた。東北地方も宮城（全年次の七十七銀行と、1928年の東北実業銀行）、山形（1900年から両羽銀行）の2県だけで、関東、中部地方に属する県の銀行が多い。大阪府を除くと西日本の銀行はあまり東京に支店を出しておらず、しかも出している場合でも連続性がない。この5年次に東京支店を出していた西日本地方の銀行は山本銀行（1915年、本店：島根県簸川郡知井宮村）、奨学貯金銀行（1915年、本店：岡山市）、徳島第八十九銀行（1896年、本店：徳島市）、十八銀行（1928、1940年、本店：長崎市）、肥後銀行（1915年、本店：熊本市）、鹿児島第百四十七銀行（1896年、本店：鹿児島市）であるが、このうち前者3行は1928年に消滅している。東京系銀行が1928年には全国に支店を出していたのとは反対に、東京へ支店を出していた銀行の分布はこの期間常に東日本よりに偏在していた。そして、埼玉、愛知、大阪の銀行を除いては、支店の延べ数も減少気味であり、地方合同の影響がうかがえる。

　大阪への出店状況は東京とは反対に、東京都、神奈川県を除いては富山、岐阜、愛知県を結ぶ以西の銀行である。それも次第に減少している。1900年には岡山、愛媛、高知、熊本、大分の5県で合計16行が大阪支店を出していた。それが1915年にはわずか2行（高知県の土佐銀行、大分県の二十三銀行）に、そして1928年には二十三銀行1行のみとなった。この16行のうち11行は1915年にも営業を続けていたので、多くの銀行が大阪支店を閉鎖したことになる。この5県以外でも福岡県の成産銀行（八女郡）も1915年には営業を続けていたにもかかわらず、大阪支店を閉鎖した。西日本地方各銀行の大阪支店の減少は銀行合同の結果だけでなく、支店閉鎖にもよっている。この当時、大阪支店を維持していくことは地方の銀行にとって困難だったようであり、ましてや既述したように東京まで西日本地方の銀行が支店を出し、それを維持することは大変困難だったのである。この時期、東京、大阪系の銀行の支店が全国に展開したことは認められたが、その反対の動きは認められなかったといえよう。

4　地方レベルでの支店網

県内支店網

　表3は1896年、1900年、1915年、1928年、1940年の銀行状況を県別に示したものである。各府県の銀行数は1896年から1900年にかけて増加し、1900年から1915年にかけては、大阪府や京都府のように大きく減少したところもあるが、全体としてはほぼ横ばいの状態である。1928年になると銀行数は大幅に減少する。繰り返された不況を経る過程で、次第に整理統合されつつあった銀行が、1927年の金融恐慌、それに続く1928年の新銀行法の発布により一挙に整理されたからである[14]。1940年になると1936年の1県1行主義の採用などにより、整理統合は一段と進み、表に示されるように1900年と比較して大幅な銀行数の減少となっている。当然の結果として、銀行の本店所在都市数も減少したが、支店の所在都市数、支店の延べ数はそれほど大きく減ってはいない[15]。

　徳島、高知、沖縄県のように、最初から本店所在都市の少ない県もあったが、これは例外である。最も典型的なものは岡山県であり、1900年には36もの都市に銀行の本店がみられたが、減少を続けて1940年にはついに岡山のみとなった。1940年の本店所在都市に、山口を除く県庁所在都市がいずれも残っていることも指摘しておきたい。

　県によって変化の幅に差異はあるが、概して支店の所在都市数は1928年まで一貫して増加を続け、1940年にやや減少する。1940年における減少は営業成績不良の支店の閉鎖によるところが大きい。そのことは支店の延べ数の推移にも現われている。

　以上のことから次のことが指摘される。銀行の本店をもつ都市数は減少していくが、支店所在都市数が増加しているということは、少数の銀行による支店網が広くそして密になっていくということである。この点に銀行合同の空間的意味が存在する。企業としての銀行が合同という企業行動をとった結果、地域秩序に大きな影響を与えるわけである。この変化は1915年と1928年の両年次の差異によく示されている。

表3 都道府県別銀行の状況

	1896年		1900年		1915年		1928年		1940年	
北海道	6	5	14	9	13	6	10	6	7	4
		4		15		27		70		73
		14		26		66		183		199
青 森	10	4	29	13	29	14	19	10	10	5
		4		6		18		51		39
		5		9		24		119		74
岩 手	3	3	11	7	13	10	9	4	3	2
		2		13		18		82		35
		3		15		25		155		50
秋 田	8	7	17	12	15	11	9	7	5	3
		2		9		18		44		41
		2		10		25		85		71
宮 城	4	1	12	2	13	3	10	3	4	2
		3		7		22		70		57
		3		11		42		186		100
山 形	9	5	28	18	31	20	26	16	15	9
		4		13		20		34		34
		6		14		29		57		60
福 島	12	9	26	19	32	21	37	22	11	10
		8		11		27		62		28
		10		13		43		132		48
茨 城	18	16	55	35	54	35	15	8	5	3
		6		16		35		67		52
		9		19		45		124		73
栃 木	11	9	46	30	55	34	27	17	2	2
		4		10		41		61		27
		5		13		62		107		42
群 馬	14	13	44	30	42	29	18	15	7	6
		4		6		20		44		35
		5		8		25		73		57
埼 玉	10	8	57	32	57	34	27	19	7	5
		5		26		37		53		45
		5		33		50		90		79
千 葉	9	8	69	23	54	47	18	12	6	4
		9		36		50		109		63
		11		53		76		171		100
東 京	59	3	194	25	199	31	74	11	24	3
		2		16		31		50		16
		38		154		225		441		437
神奈川	15	8	61	29	61	28	33	16	10	6
		4		21		43		54		37
		12		52		118		186		136
新 潟	37	35	89	67	83	59	44	35	11	6
		4		22		48		69		74
		5		25		75		136		149
富 山	16	12	47	30	50	29	33	20	7	5
		10		23		36		74		56
		12		36		72		215		155

第2章 銀行支店網の変遷

	1896年		1900年		1915年		1928年		1940年	
石川	23	14	45	27	44	24	28	18	8	5
		4		10		29		92		64
		4		21		63		271		175
福井	13	9	27	15	23	14	15	11	5	4
		2		13		18		46		51
		2		22		33		124		115
長野	49	31	132	77	110	70	47	35	7	6
		20		67		75		136		65
		25		101		119		228		99
山梨	32	22	69	44	61	41	55	41	4	2
		2		10		29		34		31
		2		14		38		56		47
静岡	107	77	171	106	159	103	81	58	14	9
		24		63		88		146		105
		31		82		128		312		230
岐阜	32	19	48	27	44	28	26	17	8	5
		7		55		90		124		54
		9		73		135		256		96
愛知	37	14	78	40	65	35	35	17	10	4
		20		64		83		123		86
		26		109		188		381		246
三重	14	11	42	25	34	25	10	8	7	6
		5		44		56		99		72
		7		66		78		203		125
滋賀	11	7	25	16	18	13	15	10	4	3
		9		27		45		97		59
		11		41		75		178		76
京都	25	14	71	44	47	33	25	19	7	6
		10		36		41		96		61
		20		85		121		276		170
大阪	70	17	106	32	62	26	43	20	16	9
		12		40		41		85		44
		55		137		181		534		387
兵庫	78	57	179	117	160	114	94	74	28	25
		20		77		115		227		154
		29		124		204		470		326
奈良	6	6	25	19	16	12	7	5	2	1
		8		46		37		68		47
		9		67		50		132		64
和歌山	14	6	39	23	34	24	13	7	5	4
		5		26		38		79		36
		6		51		63		144		66
鳥取	4	4	10	8	11	7	8	6	2	2
		4		5		22		55		33
		6		9		38		110		49
島根	7	7	24	19	29	22	7	4	4	3
		5		19		38		95		67
		5		20		48		157		92

	1896年		1900年		1915年		1928年		1940年	
岡 山	20	13	53	36	51	34	9	7	3	1
		2		21		39		103		69
		2		28		61		174		116
広 島	9	7	43	26	51	33	14	10	5	4
		4		25		83		105		71
		7		41		150		237		177
山 口	5	5	25	23	27	22	7	7	6	6
		8		37		65		64		52
		10		48		109		145		120
徳 島	4	2	3	1	4	1	4	1	2	1
		3		4		12		35		27
		3		7		20		66		51
香 川	7	6	20	12	18	12	6	4	3	2
		4		17		19		35		29
		5		26		30		75		63
愛 媛	19	15	54	35	44	27	28	20	6	4
		3		27		42		93		73
		3		36		56		191		150
高 知	4	2	7	2	6	3	5	2	3	2
		0		4		21		37		34
		0		4		31		53		45
福 岡	38	25	95	67	77	60	55	44	29	22
		15		32		36		87		73
		22		55		69		195		168
佐 賀	15	10	25	14	34	21	25	18	11	9
		2		5		17		45		38
		2		7		22		75		52
長 崎	19	10	32	18	32	19	22	12	8	5
		3		9		24		47		39
		5		13		42		81		67
熊 本	16	13	24	15	19	14	11	10	4	4
		7		16		19		42		26
		7		25		30		63		41
大 分	27	14	52	30	45	27	32	21	9	5
		15		31		34		43		37
		18		51		78		85		71
宮 崎	2	2	8	7	7	5	6	4	2	2
		2		4		16		53		21
		2		5		21		81		36
鹿児島	1	1	5	1	9	2	13	5	5	1
		2		2		5		51		39
		3		2		6		103		70
沖 縄	0	0	2	2	5	1	1	1	1	1
		1		1		3		7		7
		1		2		4		8		8

上段左は銀行数、上段右は本店所在都市数。中段は支店所在都市数。下段は支店延べ数。
各年とも年末の状況
資料:『銀行総覧』

図2、図3は1915年と1928年の各県の銀行支店網である。図においては、例えばA市からB市に複数の支店が出されていてもその点は考慮されていない。1支店も2支店以上も1本の線で表現されている。ある都市からわずか1店しか支店の出されていない都市と複数の支店が出されている都市の場合は、実際にはその結びつきの強さにおいて意味が異なるが、図ではその点は考慮されていない。関係の有無に重点をおいて作成したものである。また、支店をもたない銀行の本店所在都市も除外されている。

図2は1915年である。全体に支店網は粗くて狭い。とくに北海道と東北地方の各県においては銀行数そのものが少ないし（表3）、また都市が一般に未発達であったこともあって、支店の配置は散在している。しかし、岩手、秋田、宮城各県では、既に盛岡（主として盛岡銀行）、秋田、仙台（主として東北実業銀行）の各県庁所在都市が県内の銀行支店網の中心的存在となっている。

その他の地方の各府県においては、卓越した支店網を有している都市は少ない。関東地方では、土浦、栃木、千葉、北条、東金、藤沢などが比較的広い支店網をもっていた。しかし、いずれも全県に支店網を広げていたとはいい難い。

中部地方では、富山、長野、静岡、岐阜、愛知県でかなり密な支店網がみられるが、名古屋を除いてはそれほど卓越した支店網を県内で形成している都市はない。富山、七尾、長野、沼津、浜松は比較的大きな支店網をもってはいるが、関東地方の場合と同様に全県に支店網を広げているとはいい難い。

近畿地方でも他地方と同様に、広い支店網をもっていた都市は少なく、わずかに長浜、大和郡山、和歌山の広い支店網が認められる程度である。大阪、京都府、三重、兵庫県においては、卓越した支店網をもった都市は認められない。

西日本地方に目を移すと、米子、浜田、広島、徳島、高知、大分といった都市が比較的広い支店網を形成しているものの、その他の都市の支店網は一般に粗くて、狭いものでしかない。

鳥取県では、鳥取、米子、東伯郡日下（現倉吉市）の支店網が県内を3分割しているし、島根県では浜田の支店網が広いが、県全体には及んでいない。松江、安来の支店網も小さい。岡山県においても状況は同様で、岡山、津山の支店網がやや大きいとはいうものの、県全体に及ぶほどのものではない。県南部の児島湾岸地域にも1つのまとまりがみられる。広島県では、広島、呉、

18　　　　　　　　　近代日本の都市体系研究

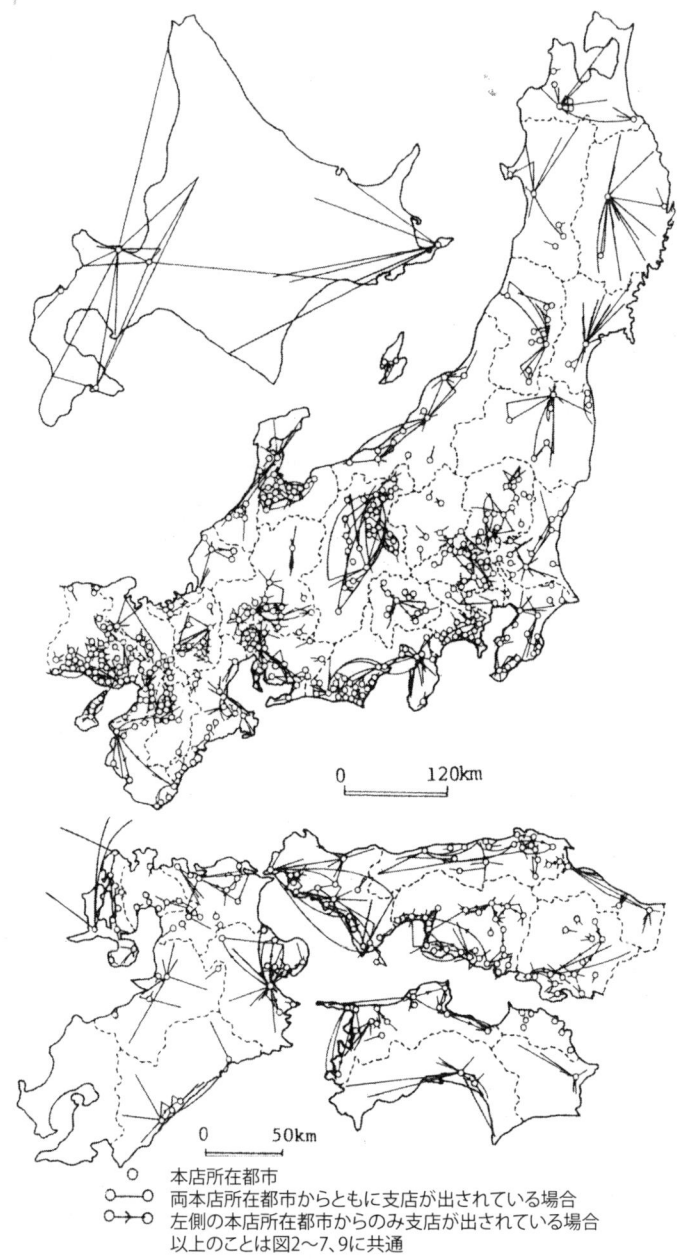

○　　　本店所在都市
○—○　両本店所在都市からともに支店が出されている場合
○→○　左側の本店所在都市からのみ支店が出されている場合
　　　以上のことは図2〜7、9に共通

図2　1915年における各県の支店網

三次、忠海町の支店網が自市の周囲に展開されている。山口県では、下関、萩、徳山、防府の支店網が目立つが、しかし、その範囲はやはり狭い。

　四国では、徳島と高知の支店網が大きいが、これは徳島県では徳島のみ、高知県ではわずかに3市のみが銀行をもつという事情によっている。愛媛、香川県ともにいずれの都市の支店網も小さい。

　九州では、大分、福岡、熊本の支店網が比較的大きいが、他の都市の支店網はきわめて小さい。鹿児島県には支店網を形成する都市はみられなかった。

　徳島、高知両県を除く中国、四国地方の諸県では、中小都市でも小さいとはいえ支店網を形成している場合が多いのに、九州地方ではあまりそれがみられなかった。また一般に県庁所在都市の支店網もそれほど大きくないことは、以後の変化が大きいだけに注目されよう。

　以上のように1915年においては、わずかの都市のみがその県内に比較的優勢な支店網をもっていたに過ぎなかった。そういったなかで東京と大阪は別格であり、多くの本店と支店があった（表3）。しかし、それも支店の多くは市内にみられ、府下には少なかった。例えば、1915年において東京府には全部で154支店あったが、東京市以外では15都市に限られ、それも全部で57支店でしかなかった。もちろん、この両市に本店をおく銀行の支店は他都市の銀行の支店に比べて、早くから全国的に展開されてしたことは既に指摘した通りである。

　1928年になると大きな変化がみられる（図3）。北海道地方では、札幌と小樽の支店が全道の主要都市にほぼ配置されるようになった。札幌の支店は多くが北海道拓殖銀行の支店である。北海道拓殖銀行は1900年に北海道における拓殖資金の供給を主要目的として制定された「北海道拓殖銀行法」に基づいて設立された。しかし、1915年においては道内ではわずかに函館、小樽、旭川、釧路の4都市に支店をもつのみであった。それが1928年には41の支店をもつようになっている。小樽の支店網はその多くが（旧）北海道銀行の支店だが、この（旧）北海道銀行も1915年には支店数は全部でわずかに11であったが、1928年には実に51になっている。北海道におけるこの2大銀行時代は1939年まで続く。1939年から1945年に至る間に、北海道拓殖銀行が北門、樺太、（旧）北海道銀行、北海貯蓄銀行などの諸銀行を吸収していくので、

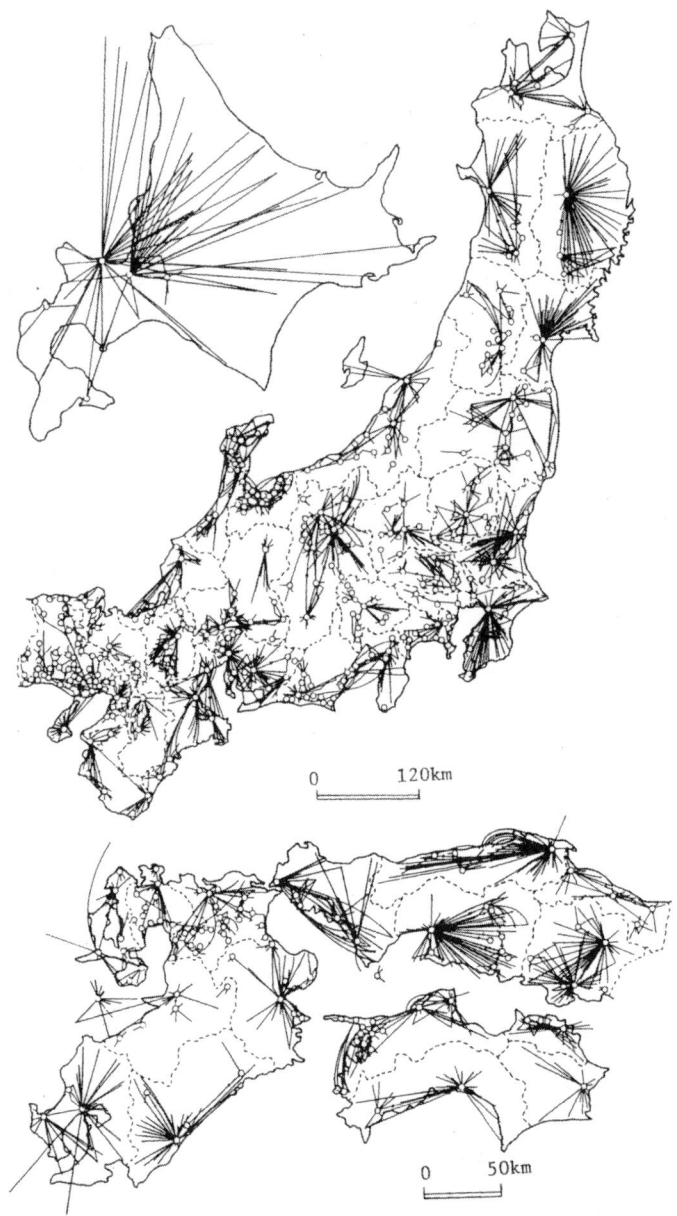

図3　1928年における各県の支店網（凡例は図2に同じ）

やがて北海道では札幌の支店網が断然大きなものとなる。

東北地方においては、弘前、秋田、仙台の支店網がより優勢になっている。一方で、山形県や福島県のように、県庁所在都市以外にも有力な支店網をもつ都市のみられる県もある。

関東地方では、1915年とはっきりとした違いがでている。水戸（主として常磐銀行）、前橋（主として群馬中央銀行）、千葉（主として千葉合同銀行）、浦和（主として武州銀行）の支店網が県内に土浦、木更津、川越といったかなりの支店網を有する都市と依然として競争しているとはいえ、広くなっている。栃木県においても、宇都宮（主として下野中央銀行）の支店網が大きくなっている。栃木県では、後に県内最大の銀行となる足利銀行の本店所在地である足利の支店網はまだ小さい。足利銀行は漸次県内の諸銀行を吸収していき、1940年には県下最大の支店網を形成するに至る。多くの県において、吸収や合併を繰り返した銀行の場合、最終的に県庁所在都市にその本店を構えた場合が多いが、栃木県は山口県などとともにそうではない事例の代表である[16]。

中部地方においても、1915年とはかなり様相が異なっている。長野（主として六十三銀行）、金沢（主として加能合同銀行）、福井（主として福井銀行）の支店網が非常に広範囲にわたるようになっている。これら3都市の支店網は1915年には小さなものでしかないが、この13年間に飛躍的に拡大したわけである。例えば、福井には1915年当時、福井県農工銀行、福井銀行、第九十一銀行の3行が本店を置いていた。しかし、福井県農工銀行と第九十一銀行は支店を1つももたず、わずかに福井銀行が6支店をもっていたに過ぎなかった。福井銀行は1919年に若狭商業銀行を、1924年には高浜銀行、大七銀行を、1926年には石川銀行、1928年には嶺南銀行を次々と吸収してその支店網を拡大した[17]。

新潟、静岡、岐阜、富山、愛知の各県においては、長岡、沼津、三島、浜松、高岡、岡崎、大垣のように、県庁所在都市と肩を並べるほどの支店網をもった都市が存在する。このうち新潟、静岡、岐阜県には現在でも県内に県庁所在都市とは別に有力な普通銀行の本店をもつ都市が存在しており、他の多くの県とはやや様相が異なっている。

近畿地方においても、1928年には全体に支店網は充実した。津、奈良、和

歌山の支店網の発展が著しい。3市とも1915年の支店網はそれほど大きなものではなかった。その中心銀行はそれぞれ三重県農工銀行、百五銀行、十八銀行、四十三銀行であったが、例えば百五銀行は1915年には三重県全体でわずかに7支店しか所有していなかったのである。それが吸収に吸収を重ねて、1928年には三重県内だけで49の支店をもつに至っている。しかし、まだこれらの県においても、四日市、吉野郡下市、新宮といった有力銀行を有する都市が県の一部に強い勢力をもっている。

興味深いのは京都府で、京都には東京や大阪市などに本店を置く銀行の支店は多数みられたが[18]、京都市自体に有力な銀行はなかった[19]。第二次世界大戦前においては、府下で最大の銀行支店網をもっていたのは福知山である。

鳥取県に4つの支店網がみられるが、1915年の支店網よりは密になっている。島根県では、松江を中心とする支店網にほぼ統一されてしまった。矢上（現石見町）の支店網も拡大したが、松江の支店網には及ばない。松江銀行を中心とする銀行合同の結果である。岡山の支店網も拡大した。津山の支店網も拡大したが、岡山の支店網は南部を中心に密である。岡山にはこの年3銀行が本店を置いていたが、図の支店網は主に第一合同銀行のそれである。広島の支店網も拡大した。三次の支店網も拡大したが、広島の支店網の比ではない。山口県はもともと卓越した都市が存在しなかったので、1つの都市による統一はみられなかったが、下松、下関、防府、宇部を中心とした支店網が発達した。

四国では、徳島、高知はともかく、松山、高松の支店網が拡大したことが重要である。両市とも同じ県内に依然として坂出、多度津、今治、大洲、宇和島、川之江といった大きな支店網をもつ都市がみられるが、1915年の支店網に比べれば、その発展が注目されよう。

九州では、宮崎、鹿児島の支店網の一層の拡大がみられた。両市ともほぼ全県に支店網を広げた。大分、福岡、長崎、佐世保各市もその支店網は拡大した。福岡、佐賀県には、それでもなおその他の市町村の独自の支店網がみられる。福岡の場合、県内での支店網はあまり広がらなかったが、既述したように1928年における東京、大阪系銀行の支店の数は非常に多く、県内の他の市町村とやはり異なった地位になった。

以上のように、1928年の支店網は1915年とは大きく異なり、各県内にお

第 2 章　銀行支店網の変遷

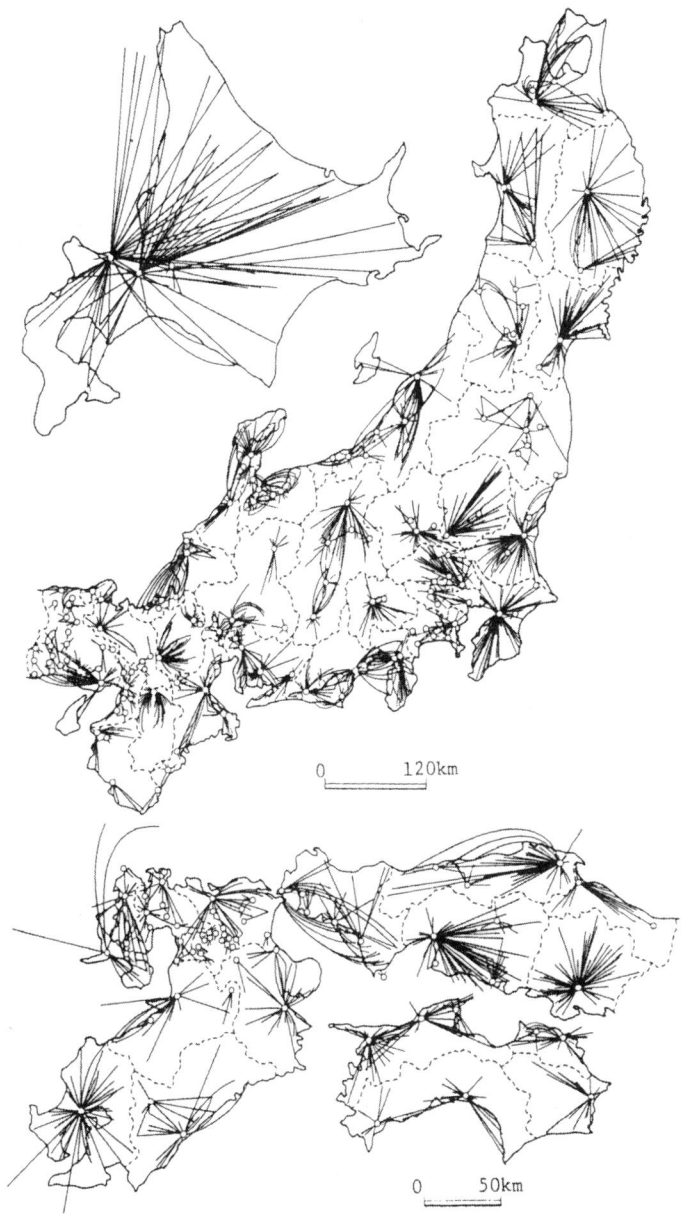

図 4　1940 年における各県の支店網（凡例は図 2 に同じ）

いて県庁所在都市の勢力が強くなり、県庁所在都市を中心とした支店網が多くの県で全県に拡大するという結果をみた。山口県のようにこれにあてはまらない県もあるが、この県庁所在都市を中心とした支店網の発展は注目されよう。このことは県の範囲をこえた支店網にもよく表れている。

　1940年の状況というのは2、3の例外を除いて基本的に1928年の状況が継続、あるいは一層明確になったといってよい（図4）。以前にもまして、多数の銀行立地都市が次第に淘汰され、大部分の県においては県庁所在都市が県内で最大あるいは唯一の銀行支店網の中心となっている[20]。

県外支店網

　次に県外への支店網の展開を検討する。東京、大阪への出店と、この両市からの出店については前項で述べたのでここでは省略する。この2大都市を除くと、全国的に広い支店網を形成していた都市はみあたらない。

　図5は1915年の県外支店網の状況である。第1の特徴は当時の6大都市といっても、例えば、横浜からの出店は群馬県や近畿地方への数店に限られているし[21]、神戸からの出店も大阪だけである。京都からは1店も出ていないし、もう1つの大都市名古屋からの出店も金沢と静岡と岐阜県の2都市しか認められない。このように当時の6大都市も東京と大阪を除けば、その県外支店網はきわめて貧弱であった。

　横浜、神戸、京都、名古屋への出店も、東京と大阪からの出店を除くと、ごくわずかであり、京都への名古屋銀行・名古屋貯蓄銀行（いずれも本店は名古屋市）と大野銀行（本店：千葉県山武郡東金町）、神戸への小田銀行（本店：岡山県小田郡小田村）と横浜正金銀行（本店：横浜市）の出店を除くと他にはなかった。

　その他の都市においても県外支店の数は少なく、東北、北海道地方においては、弘前→函館、大館（第五十九銀行）、一関→気仙沼（第八十八銀行）、新潟→会津若松（新潟銀行）、茨城県大子→福島県石井（大子銀行）の4事例がみられるのみである。

　関東地方においても、沼津から神奈川県に集中的に出店がみられる（駿河銀行）以外は、県外への支店は非常に少ない。

第 2 章　銀行支店網の変遷

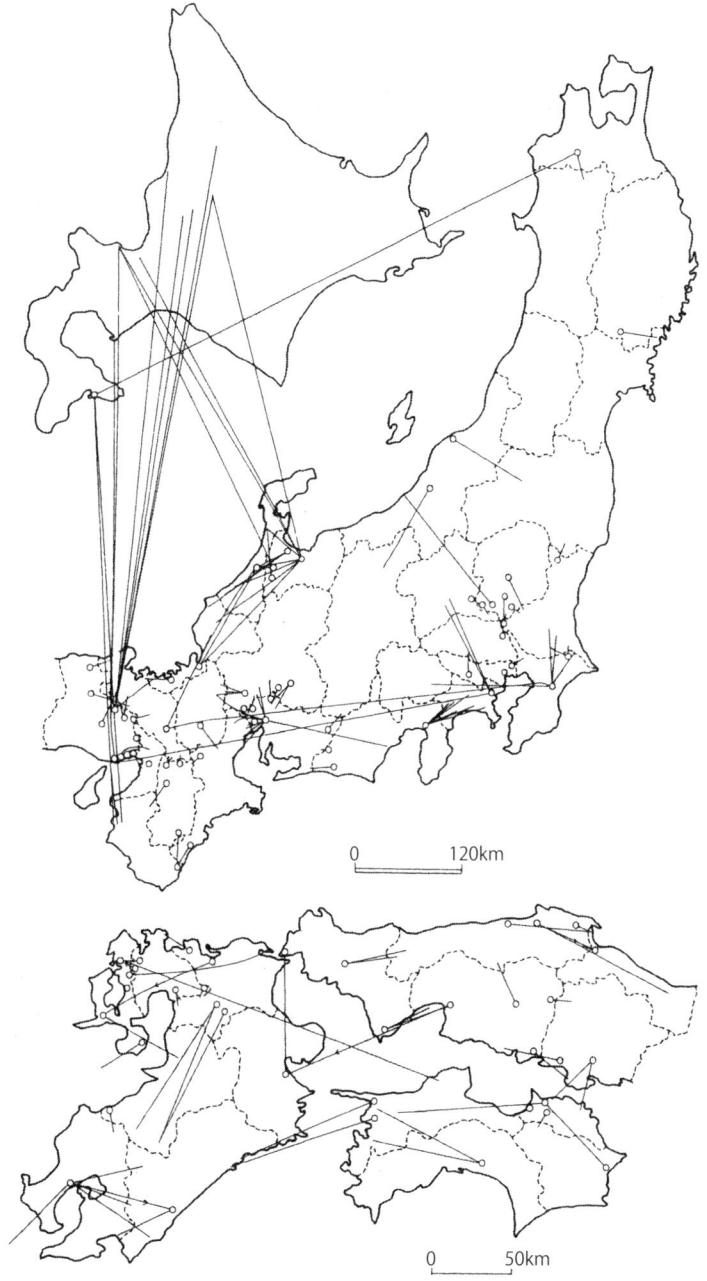

図 5　1915 年における県外支店網（凡例は図 2 に同じ）

中部地方においては、富山県の4都市から石川県へ活発な出店がみられるが、その他では名古屋から三重県の諸都市への出店が目立つ程度である。

　山口、高知の2県には県外銀行の支店はみられない。鳥取、徳島両県からはそれぞれ島根県（能義郡安来町）、香川県（善通寺町）へわずかに1例がみられるのみである。

　第2の特徴は2、3の例外を除いて、県外支店とはいっても本店所在都市に比較的近接した都市への支店が多いことである。例えば山口→島根県日原、広島県比婆郡東城→岡山県新見といった例である。

　経済活動は基本的には行政的枠組にとらわれるものではないとはいえ、県外への支店といっても、大都市のものを除けば、たまたまその銀行の勢力範囲が県境を越えたに過ぎないと解釈するほうが自然であろう。このように1915年の県外支店網はごく限られたものであった。

　だが、例外的に遠隔地支店がいくつかみられたことも確かである。兵庫県氷上郡黒井→北海道[22]（絲屋銀行）、富山県東砺波郡出→北海道[23]（中越銀行）、富山→北海道（十二銀行[24] 第四十七銀行[25]）、函館→和歌山県[26]（柿本銀行）、千葉県東金→京都、山梨県南都留郡谷村（大野銀行）の事例である。遠い距離を隔てて経済的関係のあったことがわかる。例えば、富山県の銀行が北海道地方に支店をもっていたのは、早くから北陸地方出身の開拓者が多かったことや、水田用肥料を北海道から多く当地方に移入していたという関係があったからである[27]。

　1928年になると、かなりの県外支店がみられるようになった。図6はその状況である。東北地方においては、盛岡を中心とした支店網が非常に大きくなっている[28]。関東地方においても、新たに足利の支店網が群馬、埼玉県へ（足利銀行）、千葉の支店網が埼玉県へ伸びている（千葉合同銀行）。中部地方においては、名古屋の支店網の発展[29] と富山（十二銀行[30]）、高岡（高岡銀行）、富山県出町（中越銀行）、金沢（金沢貯蓄銀行）の県外支店網の発展が著しい。奈良の県外支店も京都、大阪府へと広がった。松江、津山、岡山、広島、高知からの県外支店も急増している。これら5市の県外支店の増加も、特定の県の特定地域に集中していること、そして、小さな都市まで支店が置かれていることなどに特徴がある。松江から鳥取県への支店はほとんど雪陽実業銀行であ

第 2 章　銀行支店網の変遷

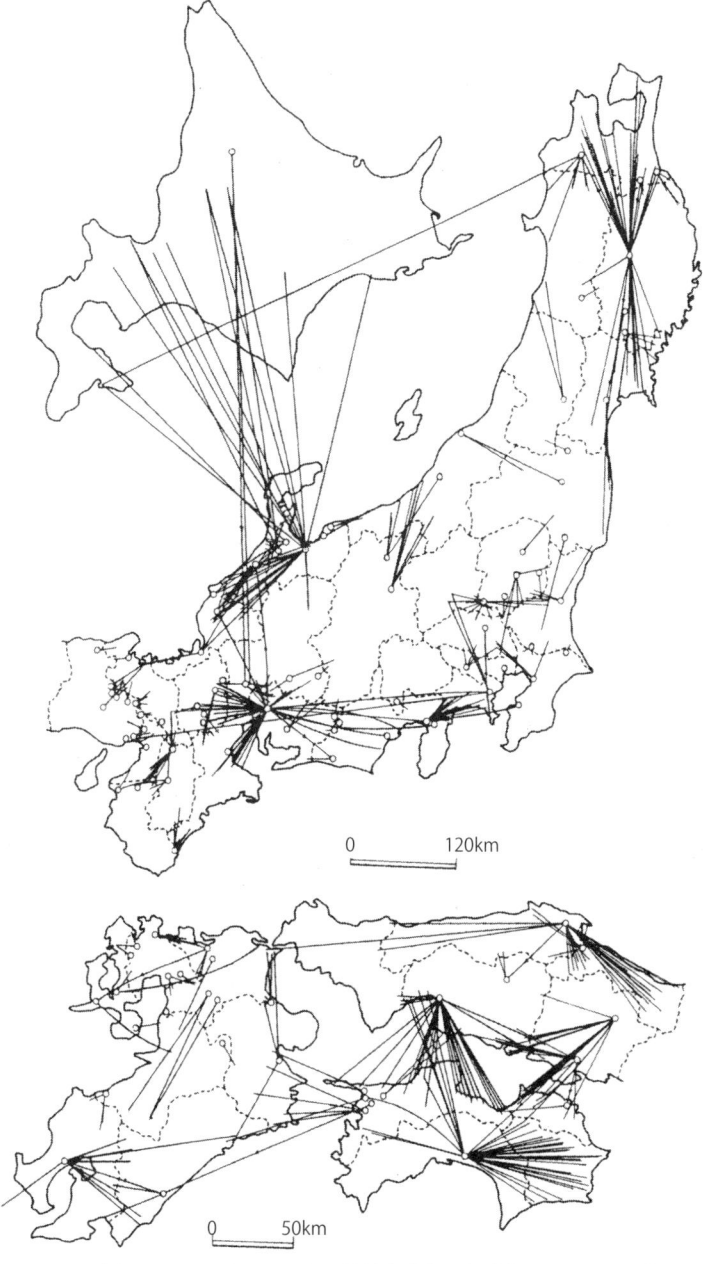

図 6　1928 年における県外支店網（凡例は図 2 に同じ）

り、津山から香川県へは山陽銀行、岡山から広島県へは第一合同銀行、広島から愛媛県へは芸備銀行、高知から徳島・広島県へは四国銀行の支店である。こういった支店網は銀行合同によって形成されたものであり、1940年にもやや減少する程度でほとんど変わらずに受け継がれる。ただし、津山の山陽銀行は1940年に第一合同銀行に合併されて中国銀行（本店：岡山市）となり、その支店が受け継がれる。中国・四国地方の大きな変化に対し、九州地方の県外支店網はそれほど進展しなかった。鹿児島（第百四十七銀行）と唐津（唐津銀行）に比較的多くの県外支店をみるが、中国地方ほど顕著ではない。

　以上のように1915年から1928年にかけて各県および県間の銀行支店網は県庁所在都市に代表される主要都市を中心に再編成されたことがわかった。これは重要なことであると考える。なぜなら、現在、わが国の多くの県においては、だいたい県庁所在都市が県内第1位の、しかも卓越した存在であることが多いが、この当時の動向が現在の県庁所在都市卓越の1つの契機となっていると考えられるからである。そこで典型的な変遷をみた岡山県を例として、1900年、1940年の支店網図も参照して細かくみていこう。

岡山県の事例

　1896年には岡山県に20の銀行が13の都市にみられた。岡山（5行）、阿賀崎（4行）、高梁、笠岡、倉敷、牛窓、津山、井原、足守、西大寺、藤戸、呉妹、江島（各1行）である。しかし、支店はわずかに岡山第二十二銀行の玉島支店と大阪の加島銀行の岡山支店をみるのみであった。

　1900年には岡山県の銀行数は53に増加し、本店所在都市数も36となる。このうち岡山には1896年と同様5行が本店をおいていたが、支店をもっていたのは岡山第二十二銀行だけであり、それもわずかに4支店であった。図7（A）は1900年の支店網であり、これまでの図と同様支店をもたない銀行は省略されている。いずれも単純な支店網で、とくに優位な都市は認められない。

　1915年、1928年は既述したように小さな支店網が岡山、津山両市を中心としたものへと変化した[31]。1940年には本店所在都市は岡山のみとなり[32]、その支店網も図7（B）のように統一された。

　岡山県において銀行合同の中心となったのは、岡山に本店をおく第一合同銀

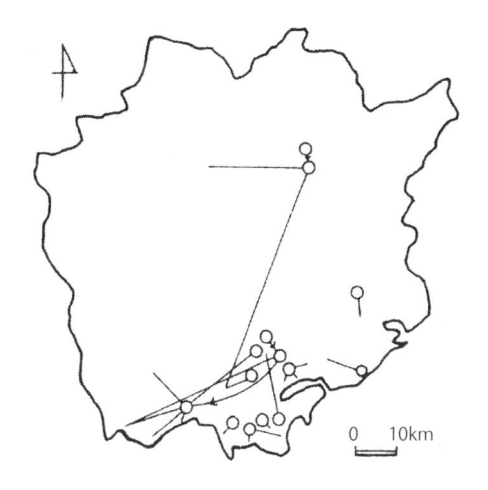

図7（A） 1900年における岡山県の支店網

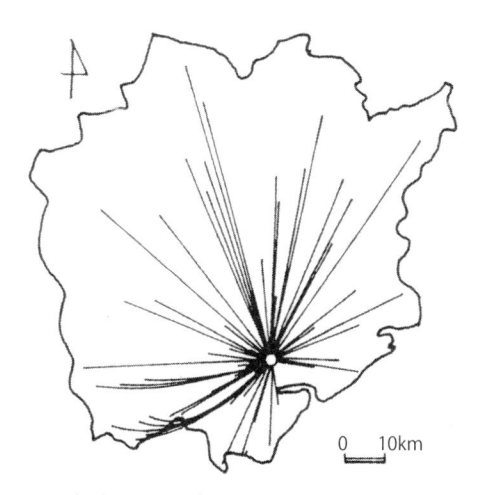

図7（B） 1940年における岡山県の支店網

行と津山に本店をおく山陽銀行である。この両銀行は1930年に合同するまで周辺の銀行を合同し、あるいは吸収して支店網を広げていった。図8は第一合同銀行が成立していく過程である。第一合同銀行は6つの銀行の合同によって成立したのだが、これら6銀行の本店所在地とは全く別に新しく岡山に

```
                          ┌─ 倉敷銀行（倉敷町）
                          ├─ 茶屋町銀行（都窪郡茶屋町）
             第           ├─ 鴨方倉庫銀行（浅口郡六条院村）
1919年1月（岡山市）  一  ─┤
             合           ├─ 倉敷商業銀行（都窪郡倉敷町）
             同           ├─ 天満屋銀行（児島郡藤戸村）
             銀           └─ 日笠銀行（児島郡藤戸村）
             行
                          ┌─ 庭瀬銀行（吉備郡庭瀬町）
1920年1月合併       ─┤─ 八十六銀行（上房郡高梁村）
                          └─ 甕江銀行（浅口郡玉島町）

1922年1月合併       ─┬─ 妹尾銀行（苫田郡津山町）
                          └─ 高信銀行（真庭郡川東村）

                          ┌─ 成羽銀行（川上郡成羽村）
1923年1月合併       ─┤─ 下道銀行（吉野郡呉妹村）
                          ├─ 東児銀行（児島郡八浜町）
                          └─ 高梁銀行（上房郡高梁町）

1923年11月合併      ─── 玉島銀行（浅口郡玉島町）

1923年12月合併      ─── 総社銀行（陽賀総社村）

1925年8月合併       ─── 坂出銀行（香川県）

1925年11月合併      ─── 西原銀行（広島県）

1926年8月合併       ─── 山陽商業銀行（岡山市）
```

図8　第一合同銀行の成立過程
後藤新一（1968）：『本邦銀行合同史』のpp.216-217に本店所在地を加筆。
（　）は本店所在地

本店を設置している。このことは県庁所在都市がいかに重要視されていたかを示すものであろう[33]。そして、1930年の大合同によって岡山を中心とする支店網に統一されたのである。銀行が合同するたびに、より大きな都市を中心とした支店網が再編成されていったことがよくわかる。

5 県庁所在都市の台頭要因

　これまで述べてきたように、わが国の銀行は銀行業の開始以来繰り返し合同がなされてきた。それは一方において政府の強力な推進政策によったが、他方においては断続的な不況の影響などによって、経営の行き詰まっていた地方の多くの銀行にとって、必然的な成り行きでもあった。ここでの目的は冒頭で述べたように、銀行合同のもたらす結果が空間的にどのように出現するかということの指摘とその要因の解明にある。前者については、銀行支店網の中心地としての県庁所在都市の台頭という重要な結論を得た。そこで、ここではこの点に焦点を絞り、その要因を検討する。とくに次の3点を中心に論を進めたい。(1) 銀行業や銀行合同に対する県当局の指導性の増大をわが国の銀行政策との関連で論じ、(2) 県庁所在都市の経済的な有利性を指摘し、(3) 銀行業関係に対してのみならず、この当時全般的に県当局の権限が大きくなっていたことを地方制度の変遷を例に言及する。

県当局の指導性の増大

　県当局の指導性の増大過程を、わが国の銀行政策の推移と関連させつつ、各時期の県庁所在都市台頭の代表的な例を示して検討する。さらに、銀行の合同に対してのみならず、支店の開廃、出張所から支店への昇格といった問題についても、県当局が指導性を強めていった過程を例示する。

(1) 銀行政策の推移と県当局の指導性の増大

　わが国の銀行政策の推移を後藤新一著『本邦銀行合同史』(1973)を中心に概観してみよう。
　銀行業開始以来、第二次世界大戦までの政府の銀行政策の要点は基本的に中

小銀行の整理にあったといってもよい。その過程において、中央政府はもとより県当局も次第に指導力を増大させていくが、政府の銀行政策の中で最も重要なものは、やはり1928年の新銀行法であろう。この新銀行法以前にも銀行関係の政策は何度も出されているし、以後においても1933年の新政策、1936年の1県1行主義の採用、1942年の金融事業整備令などの重要な施策がうちだされている。しかし、新銀行法の及ぼした影響はとくに大きなものがあった。

新銀行法以前の銀行合同においてよくみられた例をまず述べる。新銀行法以前においても、銀行合同に対する政府の慫慂は何度もあったし、それは多くが地方長官を通じてなされた。これに対して地方長官はそれぞれの府県で、合同期成同盟会と称される会などをつくっているし、またところによっては銀行家懇和会といった会がつくられている。これらの会は1920年代にはほとんどの県につくられ、銀行の地方的合同運動を大きく推進させた。県が果たした役割の大きさはこのような会の構成をみても理解されよう。

例えば、富山県では「知事が会長、内務、警察両部長が副会長、日本銀行金沢支店長、日本勧業銀行富山支店長が顧問となり、委員に都市長が任命されている[34]」という具合であった。

新銀行法が登場すると、銀行の合同に対する県当局の介入は非常にはっきりとしたものになってくる。新銀行法の最大のポイントは最低資本金制度の確立であり、このため一定の資本金に達しない銀行は存続できないので、該当する銀行は必然的に合同せざるをえなかった。そこにおいて県当局の役割と県庁所在都市の存在は大きなものがあったのである。

県当局の役割を大きくしたものの1つは、政府によって各地方長官に発せられた銀行合同の促進斡旋を依頼した通牒であった。さらに、政府は具体的に係官を派遣して銀行の合同を促し、この中央より派遣の係官とともに銀行合同を促進するよう各地方長官に命じている。ここに中央政府とその命を受けた県当局が一体となって銀行の合同を推進するようになったのである。

満州事変以後、政府の銀行合同に対する慫慂は一層激しくなる。それは1933年の地方的金融統制の確立を目指した銀行合同の新方針によって明確になる。その主旨は政府の新合同政策に対して、府県も積極的に参加して中心的金融機関の設立をはかること、大蔵省もその出資のための起債計画を許可する

方針を決定したことなどである。「すなわち、府県の資本参加によって県下における地方的中央銀行を設立しようとするもの[35]」であった。また、この新政策は普通銀行の支店、出張所の整理を促進することもその目的の1つとしていた。

この時期以後、岩手殖産銀行（岩手）、滋賀銀行（滋賀）、南部銀行（奈良）、常陽銀行（茨城）など、県下唯一最大の銀行が成立する。県庁所在都市の重要度はますます大きくなり、ごく少数の例外を除いて、新銀行の本店は県庁所在都市に置かれた。

1930年代後半に入ると、銀行の合同は国家的要請といえるほどのものになる。後段で触れる国債の消化、軍需産業部門への資金供給などのためにも、県単位のまとまった銀行が望まれたのである。1県1行主義の採用はその表れの1つであった。

近代におけるわが国の銀行政策の推移は概略上述のようにまとめられよう。次に、岩手殖産銀行、滋賀銀行、青森銀行の成立と本店所在地決定の経緯をこれまで述べてきた問題意識の下に検討していくことにする。事例としてこれらの銀行を取り上げたのは、いずれの銀行も、その成立の仕方においても、県庁所在都市台頭の例においても、各時期、各事例の代表的なものだからである。つまり、岩手殖産銀行は1930年代前半に大蔵省の強い指導の下に、岩手県当局の肩入れによって成立したものであり、滋賀銀行は同じく1930年代前半に、大蔵省、日銀などの勧奨指導の下に県知事の斡旋により合同成立した。

いずれも他県に先がけて1県1行主義を達成した銀行が、本店を県庁所在都市に設置して、以後県内最大の銀行となった。とくに、滋賀銀行が本店を設置した大津の場合は、それまで金融的に優れた地位にはなかった県庁所在都市が新銀行の本店を設置されたことによって、県内の銀行支店網の中心として発展する好例である。青森銀行の場合は、1940年代に入って、大蔵省の強い指導と県当局の斡旋によって成立し、新銀行の本店をやはり金融的にはそれほど有力ではなかった県庁所在都市に設置した好例である。

また、駿河銀行と静岡県の例では支店の開廃や、出張所から支店への昇格問題に対する県当局の指導状況に言及する。

表4　岩手県下の銀行合同状況

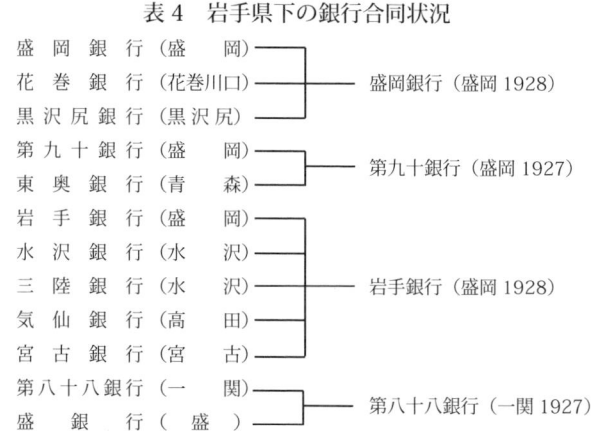

```
盛 岡 銀 行（盛　　岡）┐
花 巻 銀 行（花巻川口）├── 盛岡銀行（盛岡 1928）
黒 沢 尻 銀 行（黒 沢 尻）┘

第 九 十 銀 行（盛　　岡）┐
東 奥 銀 行（青　　森）┴── 第九十銀行（盛岡 1927）

岩 手 銀 行（盛　　岡）┐
水 沢 銀 行（水　　沢）│
三 陸 銀 行（水　　沢）├── 岩手銀行（盛岡 1928）
気 仙 銀 行（高　　田）│
宮 古 銀 行（宮　　古）┘

第 八 十 八 銀 行（一　　関）┐
盛 銀 行（盛　　　　）┴── 第八十八銀行（一関 1927）
```

注）（　）内は本店所在地と新銀行成立年．
資料：『岩手殖産銀行二十五年史』

(2) 岩手殖産銀行の成立にみる県当局の役割

　『岩手殖産銀行二十五年史』の記述を中心に、岩手殖産銀行の成立とそれに貢献した県当局の役割を盛岡の成長と関連させてみていこう。

　1928年の新銀行法の影響は岩手県においても大きなものがあった。その影響による銀行合同の結果は表4の通りである。

　この結果、岩手県銀行業に占める盛岡の地位は強大なものとなり、総払込資本金でみると実に全県の96.2％にも達するようになった。このように、銀行が合同するにつれ盛岡の地位が上昇しているが、それはもともと盛岡に岩手県の有力銀行の本店があったことも大きく作用している。新銀行法の施行によって盛岡の地位は決定的となったが、これ以前の銀行乱立時代にも盛岡の地位は実は次第に高くなっていた。

　表5は1901～1920年までの、盛岡所在銀行が岩手県内に占める地位の変遷である。これをみても盛岡の地位が早くから高くなっていたことがわかる。新銀行法の結果、盛岡に銀行が集中するようになったのも当然のことであろう。

　ところで、岩手県の銀行合同において県当局が強力に登場してくるのは、1931年の岩手県の金融恐慌からである。この金融恐慌は青森県の第五十九銀行の行金費消事件に端を発した取付けに始まるが、これが岩手県に波及するこ

表5　盛岡所在銀行の岩手県銀行業に占める地位（単位：％）

年次	払込資本金	積立金	預金	貸付金
1901	45.1	46.9	44.7	45.7
1906	35.7	42.4	66.8	49.9
1911	47.5	41.1	69.9	52.8
1915	49.7	51.8	72.0	54.3
1920	56.6	64.7	69.6	58.5

資料：『岩手殖産業銀行二十五年史』pp.234～235.

と必至となり、この情報のなかで大蔵省はかねてより懸案の盛岡の3銀行の合同を打ち出した。これに対応して、県会もまた3銀行合同の促進を図る決議をし、財政的な援助も確認している。

しかし、第九十銀行の拒否のため3行の足並みは揃わず、その結果、盛岡、岩手両行の整理のためと称する新銀行創立案が提出され、この3行は整理されることとなった。だが、大蔵省は3行合同案を捨てきれず、3行合同を慫慂し、県会もまた3行合同を条件として一千万円の県債を融通することを議決したが、実っていない。結局、3行はいずれも整理されてしまい、岩手県の金融の主導権は大蔵省と岩手県当局によって全く新しく創設された岩手殖産銀行に移った。そして、この岩手殖産銀行の大株主は岩手県自身だったのである。岩手殖産銀行の成立は1932年5月で、本店は盛岡に設置された。銀行合同の推進にあたって、大蔵省のみならず、県当局が強い指導力を発揮した典型的な例であろう。

(3) 滋賀銀行の成立と大津への本店設置

滋賀県において銀行合同が本格化するのは、やはり新銀行法の施行以後のこ

表6　滋賀県における銀行の状況（1931年末）

	預金		貸出金		有価証券	
	千円	％	千円	％	千円	％
滋賀県内銀行総計	79,914	100.0	64,259	100.0	41,329	100.0
百三十三銀行	28,781	36.0	15,622	24.3	12,159	29.4
八幡銀行	27,493	34.4	13,769	21.4	13,330	32.3

資料：『滋賀銀行二十年史』pp.66～67.

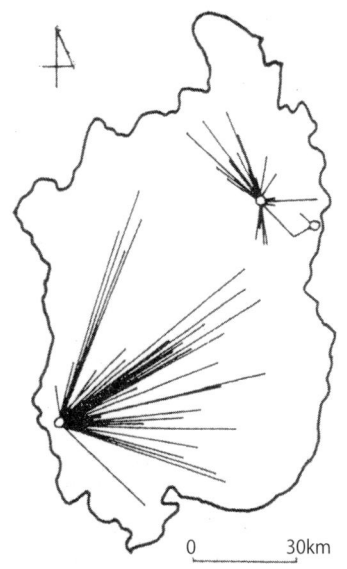

図9　滋賀県における銀行支店網
資料:『銀行総覧』『滋賀銀行二十年史』

とである。1930年前後における滋賀県の有力銀行は百三十三銀行（本店：彦根）と八幡銀行（本店：八幡）であった。この2行によって滋賀県の地方的金融は二分されていた。そのことは図2、図3の支店網から読み取ることができるし、表6からも理解できよう。

この両行は1933年に2年越しの検討の結果、合同して滋賀銀行となり、本店を大津に置いて営業を開始した。本店を大津に設置した滋賀銀行は、以来、蒲生、湖北、柏原、滋賀貯蓄などの諸銀行を次々に吸収した。その結果、大津は県内最大の支店網をもつ都市となったのである。

両行の合同については日本銀行京都支店長が発案し、合同のイニシアチブをとったようであるが、県知事も強い合同勧奨を行っている[36]。

また、新銀行の本店を大津に設置することについては、両行の旧本店所在地たる彦根と八幡で激しい誘致合戦が展開されたが[37]、結局、大津に置かれることになった。上述の合同に対する勧奨や、後段で触れる県の公金の取り扱い変更命令における知事の権限などでもわかるように、県当局の役割と県庁所在

都市の重要さが評価されたといえよう。

　その結果、1940年における滋賀県の銀行支店網は図9に示されるように、県の北東部を除いて大津を中心とするものになった。

　滋賀県の例は先の岡山県の例と同様、それまで銀行業においてあまり重要ではなかった県庁所在都市が台頭してくる典型的な例である。

(4) 青森銀行の成立と青森への本店設置

　青森県における銀行の合同は他県に比べてやや遅れていた。青森銀行の成立は1943年であり、銀行の合同による成立としては最も遅い部類に属するが、行政の介入した顕著な例であり、県庁所在都市の台頭という点からも重要である。この時期になると、既述したように銀行の合同は国家的な要請となっていた。

　表3によれば、1940年には青森県内で各種の銀行が10行経営を行っている。その本店所在地の内訳は、青森：4行、弘前：3行、北津軽郡：2行、八戸：1行である。あらゆる意味において、県下最大の銀行は弘前に本店を置く第五十九銀行であった。当然のことながら弘前の県内銀行業に占める地位は高く、弘前3銀行の支店数は青森県内全銀行の支店数70のうち38を占め、公称資本金額においても、青森全県の2,180万円のうちの1,080万円にものぼっていた。

　1941年に入って大蔵省による青森県の銀行合同に対する勧奨が強くなり、1942年に大蔵省が係官を派遣するに及んで、それは一挙に具体化した。大蔵省の方針は県下の普通銀行を打って一丸とし、本店を青森に置くというものであった。大蔵省の勧奨にもかかわらず、合同はすぐにはまとまらなかったが、結局1943年になって大蔵省のイニシアチブの下で、県による斡旋が効を奏し、第五十九、板柳、八戸、津軽、青森の5銀行が合同をした。その結果、本店を青森に置き、新銀行の名前は青森銀行とすることなどが決められた。

　本店を青森に設置することに対しては、県下の最大手銀行たる第五十九銀行の本店所在地弘前と、その周辺から本店を弘前にするような運動も起きた。しかし、合同の諸問題においては、大蔵省一任という形をとっていたために、本店所在地の変更は認められなかった[39]。

青森県における銀行合同の収束は他県に比べて遅かったといえるが、結果として本店の所在地は県庁所在地の青森に定められた[40]。滋賀県の場合と同じである。このように、もともと有力な銀行の本店を有していなくても、新銀行の本店が県庁所在都市に置かれている場合があるのだから、古くからそこに有力銀行が本店を有している場合は、合同などによって設立した新銀行がその本店を県庁所在都市に置き、全県の支店網の中心となっていくのは当然であったといえよう[41]。

(5) 支店の開廃にみられる県当局の指導性

次に、新銀行法以後、支店の開廃、出張所から支店への昇格問題にみられた県当局の指導性を、静岡県と駿河銀行の事例からみていこう。

『駿河銀行七十年史』には昭和2年6月18日付で静岡県の内務部長が県内各銀行の代表者にあてた「銀行出張所又は派出所に関する件」という通達が次のように掲載されている。

「従来、出張所、派出所、代理店の出張所その他従たる営業所または復代理店などの設置については認可申請又は届出の要がなかったので、非常に多くなってきていた。ところが新銀行法によれば新銀行法の施行後のものはもちろん、施行前に設置されたこれら出張所などもすべて認可を受けなければ存続することができなくなった。そこで、現存のものもよく調査して存廃を決めるし、いろいろ制限もするなど新法の精神を生かしてゆくので、御行についても充分新法の趣旨を体してゆくよう[42]」とある。

文面から県当局の強い姿勢が読み取れるが、具体的には次のような事例が挙げられる。

駿河銀行は1927年に自行の代理店の評価をした後、伊勢原代理店を支店に組織変更したいと届け出た。しかし、これに対して県は伊勢原地方の金融情勢からみて、この代理店の支店昇格は不適当であること、さらに県に対して日常の報告義務を怠っていることを指摘し、先の支店昇格を退けている。さらに県当局は代理店、出張所の整理を強く要望したが、駿河銀行の方も大蔵大臣に対して出張所、代理店の設置認可申請を非常に細かい設置理由をつけて提出している。また例え申請が認可されたとしても簡単に認められたのではなく、何度

も照会を繰り返すという状況であった。

　これまでの諸例から、銀行の合同、支店の開廃について、行政とくに県当局の果たす役割が次第に大きくなってきたこと、それにつれて県庁所在都市の重要性が増してきたことが理解できる。検討したように、1920年から合同期成会などにおいて、県知事が重要な責務を果たしたりしてはいたが、その大きな契機は確かに1928年の新銀行法である。

　新銀行法以後、中央政府からの通牒がたびたび地方長官に発せられるなどして、一層県当局は銀行合同、支店の開廃にその指揮監督権を強めてきたわけである。それにつれて、県庁所在都市の存在も重要なものとなり、1930年代後半からの準戦時的な状況下でその優位は決定的なものとなった。

県庁所在都市の経済的有利性

　第1に挙げられるのは公金の取り扱いである。県の公金を取り扱うということが銀行にとって大きな利益につながるであろうことは充分予想される。

　時代は少し古いが、先の『岩手殖産銀行二十五年史』には、1900年代初頭に熾烈な競争の結果、県金庫、国庫金の取り扱いの権利獲得に成功した盛岡銀行が「昇天の勢をもって躍進[43]」した状況が述べられている。

　1933年に合同によって成立した滋賀銀行に対しては、すぐさま滋賀県知事によって従来、滋賀県農工銀行において取り扱われていた金庫事務の取り扱い命令が下されている。「この県金庫事務は当行の全店舗が本支金庫または取扱店として公金業務の主要部分を占め、預金も常に多額に保管し、年々の支払い利息もまた軽視できない[44]」という表現からもその重要性を知ることができよう[45]。

　金庫制度はこの当時、地方制としての府県制、市制、町村制の財務規定により制定されていたが、知事の命令によりその取り扱いの権利が指定されるのであるから、県当局の果たす役割は大きかったにちがいない。

　さらに、当時の銀行の主要業務として公債の消化があった。国債、地方債ともに次第に増加傾向にあったが、この公債の消化は預金の吸収と並んで銀行にとって大きな業務であった。とくに、戦時下の地方銀行にとっては公債の消化は最大業務であったが、このことも銀行が行政の中心地と結びつく要因の1

表7　人口が県内第一位ではなかった県庁所在都市

1908年	1913年	1920年	1925年	1930年	1935年	1940年
札幌	札幌	札幌	札幌	札幌	札幌	福島
福島	福島	福島	福島	福島	福島	水戸
浦和	浦和	浦和	浦和	浦和	浦和	浦和
山口	山口	山口	静岡	山口	山口	山口
宮崎	宮崎	福岡	山口		大分	宮崎
		宮崎				

資料：1908年および1913年は『日本帝国統計年鑑』
　　　その他の年次は『国勢調査報告』

表8　主要都市における企業本社数の推移

		1916年		1927年		1935年	
			%		%		%
岩手県	盛岡	15	37.5	29	38.1	39	44.8
	宮古	2	5.0	4	5.3	5	5.8
	その他	23	57.5	43	56.6	43	49.4
	計	40	100.0	76	100.0	87	100.0
滋賀県	大津	9	23.6	21	23.9	21	23.9
	彦根	2	5.3	7	8.0	10	11.4
	八幡	2	5.3	4	4.5	3	3.4
	その他	25	65.8	56	63.6	54	61.3
	計	38	100.0	88	100.0	88	100.0
青森県	青森	5	16.7	43	36.1	36	32.7
	弘前	6	20.0	9	7.6	11	10.0
	その他	19	63.3	67	56.3	63	57.3
	計	30	100.0	119	100.0	110	100.0

資料：商業興信所編『日本全国諸会社役員録』

つであったと思われる。

　預金についていえば、その都市の人口規模の大小は重要である。表7に示すように、県庁所在都市はそのほとんどが常に各県の第1位の人口を有する都市である。潜在的預金量が単純に人口に比例するとすれば、県内最大の人口集積地は銀行にとって魅力のある場所であったはずである。

また、企業本社の集積から、県庁所在都市の経済活動における有利性を簡単に述べる。表8は例として取り上げた3県の1916年、1927年、1935年における重要企業（銀行を除く）の本社数を調べたものである。資料は商業興信所編『日本全国諸会社役員録』を用い、そこに掲載されている全株式会社を対象とした。岩手県においては、銀行の場合と同様、早くから盛岡における本社の数が多い。また、時とともに全県の企業数が多くなっているが、盛岡の本社数も増加し、県全体に対するその比率は次第に高くなっている。
　滋賀県においては、大津の本社数の比率は各年ともほぼ同じで、とくに増加しているわけではない。しかし、県全体の企業数の増加につれて、大津に本社を置く企業が増加したことは明らかであり、大津が企業活動において中心的な都市となっていたことがわかる。
　青森県においては、1927年以降青森における増加が著しく、全県のほぼ3分の1にあたる企業が青森に集まるようになっている。一方、弘前における企業本社数も増加しているが、その増加数は少なく、青森のそれとは好対照をなしている。
　例として取り上げた3県の企業本社数の推移だけを簡単にみたわけだが、このことからも県庁所在都市がそれぞれの県において企業活動の中心としての地位を次第に強めていったことがわかる。銀行の本店が県庁所在都市に置かれていくことはこういったことも大きな要因であったと思われる。

地方制度の改定と県の役割の増大
　これまでの検討では、直接、銀行の運営に対する県の指導性や影響力、県庁所在都市の経済的有利性について述べてきた。しかし、県当局の権限は銀行関係に対してのみ増大したわけではないのではないか。これまで述べてきたことは、この当時、全体的に県庁所在都市の果たす役割が大きくなっていることの1つとして位置づけられるとも考えられる。そこでやや視点を変えてこの点を検討する。
　最も重要なものとして、地方制度のなかにおける県の権限の拡大を指摘して、その一端を示すことにする。地方制度の変遷を取り上げるのは、この改定が県庁所在都市の存在意義の増大を明確に示していると思われるからである。

明治憲法下における地方自治がきわめて制限的であったということは周知の事実である。地方の行政組織は中央政府の上意下達機関ともいえた。だが、明治憲法下においても、実は地方長官の権限拡大は何度か試みられている。その要点を簡単に要約する。

　亀卦川浩によれば暫定的な立法は別として、地方自治制度の始まりは1888年と1890年に公布された市制町村制と、府県制ならびに郡制である。次いで、1911年には市制町村制が全文改正された。この後も数次にわたる改定がなされたが、その基本的な考えは自治権の拡張を骨子とするものであった[46]。なかでも重要なものは1929年の改定である。この改定は戦前の地方自治のなかではきわめて画期的なものであったと評価されている。改定の内容は、イ）団体自治権の拡充、ロ）議決機関の権限拡充、ハ）執行機関の権限拡充、ニ）その他事務処理方法の改善、等を目的としていた[47]。この改定によって府県の権限は大幅に伸長した。例えば、市町村と同様に、府県にとっても条例および規則の制定などが可能になったし、行政能率化の見地から、執行権の強化が図られてもいる。従来、内務大臣の許可によっていた事項の多くが、原則として府県知事に属するに至った。

　前後するが、1926年の改定も重要である。この年の7月1日に郡役所が廃止されたが、その結果、従来、郡役所で取り扱われていた事務のほとんどが県に移されている。さらに1927年には、国からの町村合併の勧奨などについて、県が大きな役割を果たすようにもなった。

　戦前の地方制度は、このように地方自治権の拡張という過程をまがりなりにもたどってきたが、第二次世界大戦に突入するに及んで、1943年に国の統制の強い制度にまた逆行してしまった。

　戦前の地方制度は改定のたびに府県の権限が拡張してきている。しかし、注意しておかねばならないことは、府県の権限の拡張といっても、戦後の地方自治制度のように民主的なものを目指したとは考えにくく、国——府県——市町村というタテ系列を強化し、行政の効率化を図ったものとみなされるということである。地方長官たる府県知事が各市町村を監督していたことはいうまでもない。いずれにせよ、数次の改定によって、従来市町村と比較してやや権限の小さかった府県の権限が大きくなり、県内の他市町村よりも県庁所在都市の存

在が、それにつれて一段と大きくなっていったことがここで指摘したい重要なことである。

6 要 約

　わが国の都市体系は1920年代後半から1930年代にかけて大きな変化をしたのではないか、という問題意識の下に、1896年から1940年までの期間を対象として、銀行数ならびにその支店網の推移を全国レベル、地方レベルで分析した。両レベルを同時に問題としたのは全国と地方のスケールの違いはあっても同じような動きがあったのではないか、と考えたからである。その結果、次のような諸点が明らかとなった。
　①東京系・大阪系の銀行は、前者が1915年以降全国的に支店網を展開するのに対し、後者は常に西日本地方に支店網が限られていた。そして、1915年以降、西日本の多くの県で両都市系銀行の支店数は増加する。これは、両都市に所在する銀行を中心とした銀行合同の結果である。銀行合同によって両都市の支店網は拡大した。
　②各地方銀行の東京支店と大阪支店の配置は限られており、東京に対しては全国的で東日本諸県の銀行の支店も多かったが、大阪に対しては西日本諸県の銀行の支店が中心であった。それも、後者は途絶えがちだったり、減少するなどの傾向がみられた。
　以上の2点は、早い時期から東京の勢力は全国的に展開していたのに対して、大阪の勢力は西日本地方に限定されていたことを示している。その理由は両都市の資本の差、都市機能の差に求めることができるが、このことは両都市の影響力の差が早くからみられたことの一証左である。
　③多くの県庁所在都市においては、東京系・大阪系の銀行支店の集積は県内の他都市よりも早くみられた。
　④1915年時点においては、いずれの都市の支店網も小さく粗いものでしかなかった。1928年になると、銀行数は大幅に減少したが、一方、支店数、支店所在都市数は増加し、支店網は少数の都市を中心に、以前より広く、かつ密にはりめぐらされるようになった。銀行合同によって再編された支店網が各県、

各地域の重要な都市、とくに県庁所在都市を中心にまとめられていった例が多くみられた。この傾向は、1940年になると一層明確なものとなった。それは、わが国の銀行合同が府県単位に、しかも銀行業界の発意よりは政府の方策によって推進されたことの結果でもある。

しかし、県庁所在都市の台頭といっても、各県の事情により様相は一様ではないし、またかなりの時間的なずれもみられた。例えば、盛岡や仙台などは1915年には既に県内の唯一最大といえる銀行支店網の中心都市であったが、一方、青森のように県内での優位を確立するのが遅かった県もある。また、少数ではあるが県庁所在都市以外に県内に有力な銀行をもつ都市がみられる県もあった。

⑤以上のような変化のうち、全国レベルでの変化は、東京と大阪の勢力拡大の一環であるが、地方レベル以下で県庁所在都市を中心に銀行支店網が再編成された要因としては、以下の3点を指摘できる。それは、i）中央政府と一体となった県当局の行政指導の増大、ii）県公金の取り扱い、多くの人口集積による潜在的預金量の豊富さ、公債の消化などにおいて、県庁所在都市がもつ経済的有利性、iii）地方制度の改定にみられる県の地位の上昇、の3点である。

第3章　電灯電力供給区域の変遷

1　資料、対象年次ならびに分析の手順

　作業の基礎資料としては、逓信省電力局編による『電気事業要覧』を用いた。この要覧は、1907年版として第1回が刊行され、以後毎年1回刊行されて1943年版まで続いた。当時の電気事業一般ならびに電力・電灯会社の状況を知るには最も信頼のおける資料であると思われる。
　研究対象期間は斯業の発生から国策によって成立した9配電会社の設立までとするが、主として1911年・1925年・1936年・1942年を分析する。この4年次を対象としたのは次のような理由による。1925年は増加を続けたわが国の一般供給電気事業者の数が最高になった頃であり、全国的にも電灯がほぼ普及した時期といえる。1936年は企業合同によって企業数が次第に減少し、政府の主導による国家管理案が具体的に登場する年であり、国の慫慂に基づいて民間の自主統合が頻繁に行われた時期である。
　1942年は配電会社の設立された時期である。1925年以前については、余りに早い時期ではきわめてわずかの企業数とその供給区域しか存在しないので、他資料の存在を考慮して1911年を取り上げた。
　対象地域は日本全国である。ただし、台湾と朝鮮は除く。具体的な作業としては、第1に各都市の各年次の電灯電力供給区域の把握を行う。電力会社が本社を置いている都市を中心に供給区域を整理する。次に、中国地方を例として企業合同の過程を整理し、供給区域の変遷と企業合同の過程を関連させて考察する。さらに一連の変化に影響を与えた国の政策を整理し、このことが空間的な秩序にいかに作用したかを検討する。そして、こうした動きの舞台となる都市の台頭してくる要因を考察する。

当時の電気事業者は、一般供給を行うものと、電気鉄道を経営するものと、その両方を行うものとに三分される。さらに電気事業に電気を供給する事業者（特供）が1933年から登場するが、本研究では鉄道事業のみという場合と特供は分析の対象からはずし、電灯電力の供給を行っていた事業者を対象とする。

2　第二次世界大戦前の電気事業の概要

わが国において電気事業を初めて行った会社は東京電灯株式会社（本社：東京銀座）であった。1886年7月のことである[48]。これ以後、大阪、神戸、京都、名古屋、横浜において次々と電灯会社が開業し、日清戦争の頃にはその他の地方都市においても電気事業が営まれるようになった。しかし、この当時の電気料金は他の物価と比べて比較的高価であったため、電灯会社は設立されたものの、一般家庭への電灯の普及率は低く、電灯は一般市民には贅沢品であった。

しかし、わが国の産業の進展と市民生活の向上によって、電気事業は着実に伸び、エネルギーとしてのその重要性ともあいまって、次第に主要な産業部門となっていく。また幾度かにわたる新型発電機の購入や送電などの技術革新が増大する需要に対応することを可能にしたのである。

発電力と電灯需要家数の推移を指標として斯業の発展をみてみよう。図10は両者の推移を示したものである。発電力は1903年を1とし、電灯需要家数は1907年を1とする指数によって示されている。

発電力は1910～1911年にかけて一度マイナスを記録する他は順調に伸び続け、とくに1920年代に入ってから、その伸び率が大きくなっていることがわかる。電力は民生用だけではなく産業用に資するところが大きいので、1920年代に入ってからの発電量の伸びは工業の発展とも大きく関係していると思われる。

電灯需要家数は1910年代に入ってから大きく増加し始め、1920年代後半にその増加率は緩やかになり始める。ほぼ全国的に電灯が普及したことを示していよう。これらのことからわが国の電気事業は発生以来比較的短期間の間に急速かつ順調に成長してきたといえる。

図11はわが国における電気事業者の推移を示したものである。この章にお

第3章 電灯電力供給区域の変遷

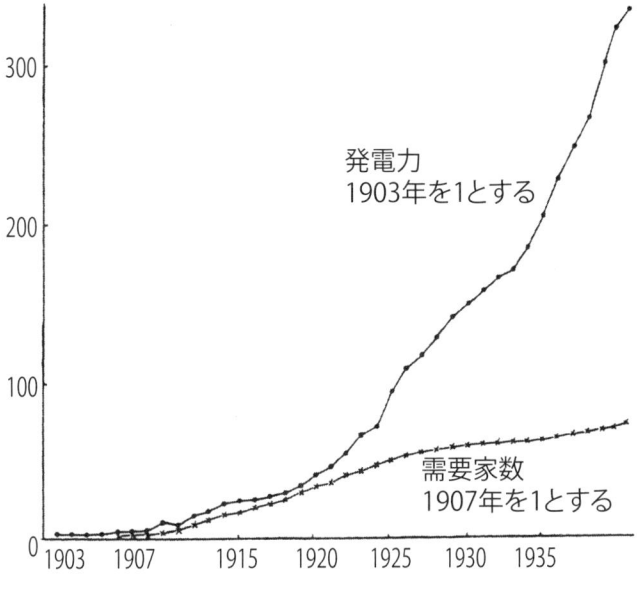

図10 発電力と需要家数の推移
資料:『電力百年史』

いては、電気供給区域の変遷の検討を目的の1つとしているため、電気鉄道のみの経営と特供会社は考察の対象としないが、電気事業全般の推移を理解しておくために、これらをも含めて提示している。

電気事業者の数は1920年代後半にやや停滞するものの、1933年までほぼ一貫して増加を続けている。1933年に818で最も多くなり、1934年、1935年とわずかに減少した。1933年まで増加を続けているとはいうものの、増加をしているのは1924年から飛躍的に増加している電気鉄道と、同じく1933年から出現している特供会社であり、一般供給者の数が増加するのは1924年までである。一般供給者は1924年から以後12年の間に104の減少をみている。この間に企業合同、事業譲渡が盛んに行われたことをうかがわせる。もっとも企業合同、事業譲渡はわが国において斯業が開始されて以来、繰り返し行われていたが、1924年まではそれらによって減少する数よりも、新規開業の数のほうが上回っていたわけである。しかし、1924年以後は企業

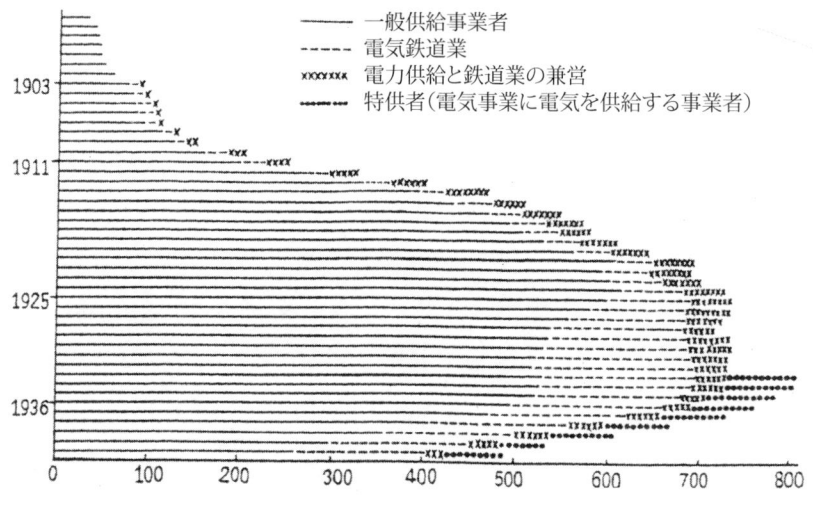

図11 電気事業者数の推移
資料：『電力百年史』

合同、事業譲渡が一段と激しくなり、ついに絶対数の減少を示すようになった。それでも1936年には、一般供給者は501にも上っており、全国に相当数存在していたといえる。後述するように、わが国の電気事業は政府によって1942年に一気にまとめられるが、1941年には一般供給だけでも250余の事業者がまだ存在していたことを考えると、その統合の早さは既述した銀行の場合をはるかに上回るといえよう。わが国における第二次世界大戦までの電気事業は概略上述のようにまとめられる。

3　電灯電力供給区域の変遷

　各電灯会社は独自の営業区域をもっている。1つの都市に複数の電灯会社が本社を置いている場合には、その都市の電灯電力供給区域は会社の数だけ存在することになる。ここではそれを総合して、その都市の供給区域と考える。また、企業活動を重視するという考えから、供給区域と本社所在地が分離している場合には、本社所在都市の供給区域としてそこを整理する。
　1911年、1925年、1936年、1942年における供給区域の状況を検討する。

しかし1911年時点においては電灯電力の供給とはいっても、それはきわめて限られた範囲でしかなされてはいなかった。2節でみたように、まだ電灯そのものの普及率が低かったからである。図11によれば電気事業者総数は既に248を数えるものの、個々の事業者の電灯電力供給区域は狭いものでしかない。したがって、この年については日本全国の状況を示すのはさほど意味のあるものとは思えないので、後述の企業合同の記述とも関係する中国地方の状況だけを示し検討する。

　1911年には中国地方5県において21の一般電気供給事業者を数えたが、電灯電力を供給されていた区域は市町村数でいえば107であった。その状況を図示したものが図12である。上述のように、1つの都市に複数の電力会社が本社を置いている場合には、その合成した供給区域が示されている。図を一見してわかることは、当時の有力な都市によって供給区域が構成されているが、供給区域の範囲は狭く、本社所在都市とその周辺にわずかに広がっているに過ぎないということである。したがって、供給区域は連続しておらず、散在的である。この当時、中国地方最大の電灯会社であった広島電灯は1893年開業で、1910年には総資本金が130万円にも達していたが、その頃からようやく隣接市町村にも進出し始めたのである。

　次に、1925年の状況を検討する。この頃になると電気事業の発展は著しく、一般供給だけでも全国で605の事業者数を数えた。1911年の場合と同様の方法で、全国の供給区域を描いたものが図13である。1911年に比べると電

図12　1911年における中国地方の電灯電力供給区域
資料：『電気事業要覧』

灯の普及は著しく、北海道の一部に無灯火地域が広く残ってはいるが、ほぼ全国的に電灯電力は供給されるようになっているといえる[49]。しかし、図をみてわかるように様相は一様ではなく、地域による差異は大きい。北海道、東北、中国、四国、九州の各地方においては、個々の供給区域が比較的広いのに対して、東北地方南部から近畿地方にかけては、中小の供給区域が存在している。これは地方ごとの自然条件の違いや、地方によって企業の合同に遅速があったからである。この時期には全国的に事業者数は増加をしていたが、一方において合同が既に始まってもいた。しかし、その速度は一様ではなく、既に有力都市によるまとまりがはっきりみられる地域と、そうではない地域の差異を生じさせているわけである。

　また、東京と大阪、とくに東京の供給区域として示される地域が随所に出現していることにも注目する必要があろう。各地に部分的にみられる東京と大阪の区域として示される区域は、企業合同によって東京・大阪に本社を置く企業に吸収され、その供給区域がこの両市のそれに含まれるようになった事例が多い。各地の事業者を吸収するのは比較的大きな事業者であり、この両市の有力会社としては、東京電灯、東邦電力、大同電力（以上東京）、日本電力、宇治川電気（以上大阪）が挙げられる。この5社は当時五大電力と呼ばれ、圧倒的な勢力を誇り激烈な市場獲得競争を展開していた。

　続いて1936年の状況を検討する（図14）。図11でもわかるように、1925年からの11年間に電気事業者数はわずかに30社しか増えていない。しかも、一般供給に限っていえば、前述のように、この11年間に104も減少した。企業合同の進展ぶりをうかがえる。

　1925年の状況と比べれば、中小の供給区域が消滅し、整理されたことがわかる。1925年時に既に比較的大きな供給区域にまとめられていた東北、中国、四国、九州地方では、より一層その傾向が強まり、各地の中心的な都市の供給区域が拡大している。さらに、東北地方と中国地方においてとくに顕著であるが、県庁所在都市の供給区域が拡大していることに注目しておきたい。

　1936年において、ほぼ県域全体あるいはそれ以上をその供給区域としている県庁所在都市としては、青森、仙台、東京、津[50]、京都、大阪、岡山、松江、広島、山口、松山、高知、鹿児島が挙げられよう。また、全域とはいえないが、

第3章 電灯電力供給区域の変遷　　51

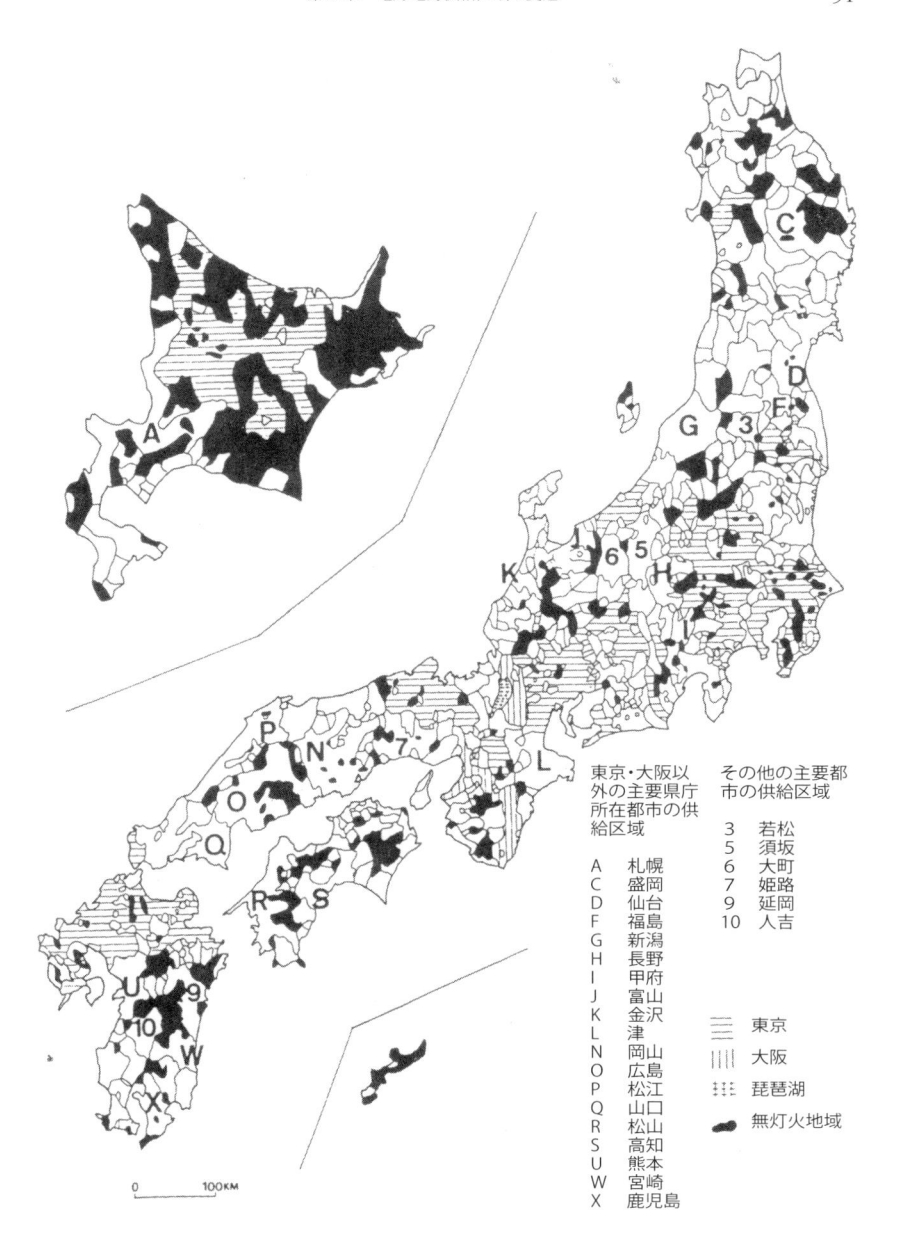

図13　1925年における主要都市の電灯電力供給区域
　　　資料：『電気事業要覧』

東京・大阪以外の主要県庁所在都市の供給区域

A 札幌
C 盛岡
D 仙台
F 福島
G 新潟
H 長野
I 甲府
J 富山
K 金沢
L 津
N 岡山
O 広島
P 松江
Q 山口
R 松山
S 高知
U 熊本
W 宮崎
X 鹿児島

その他の主要都市の供給区域

3 若松
5 須坂
6 大町
7 姫路
9 延岡
10 人吉

≡ 東京
‖‖ 大阪
∷ 琵琶湖
■ 無灯火地域

52　近代日本の都市体系研究

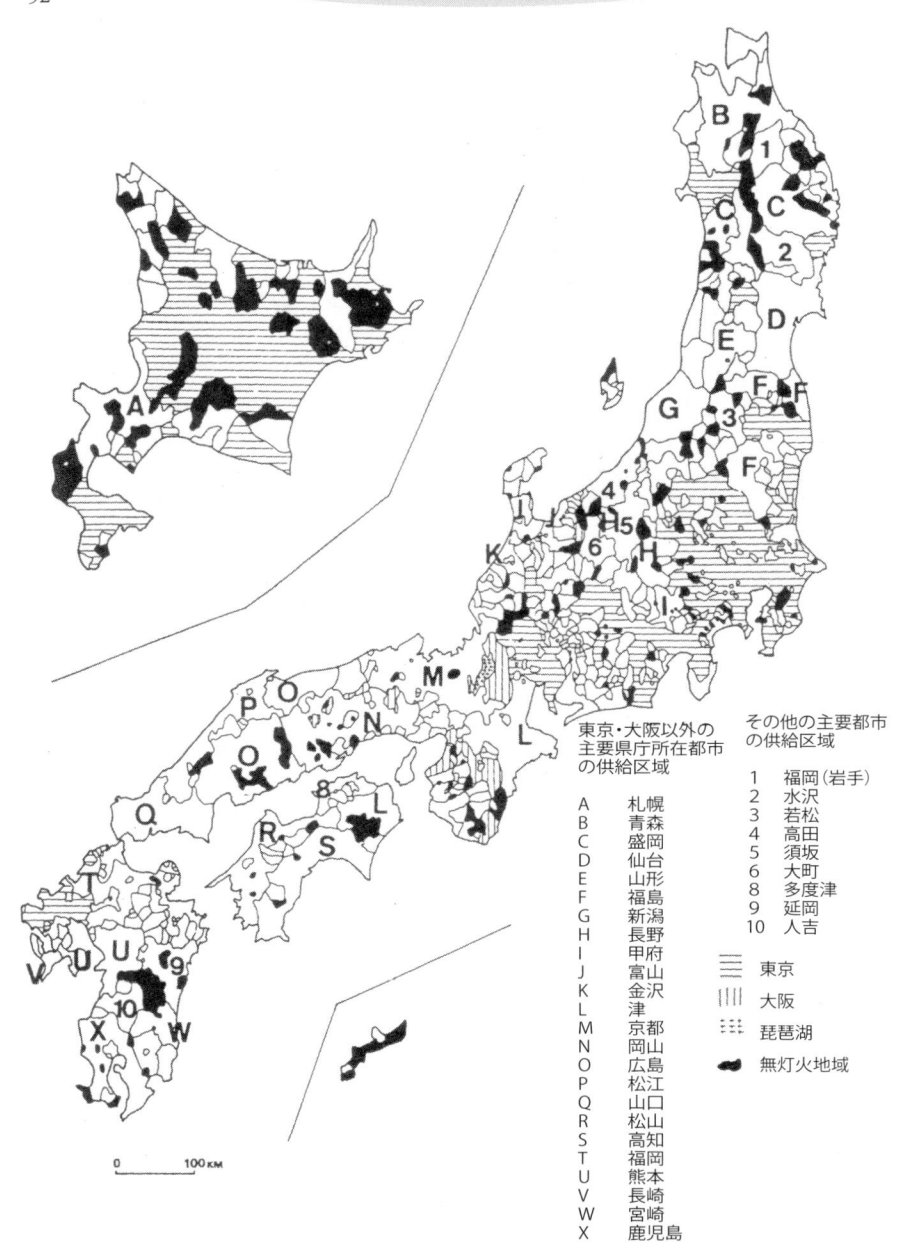

図14　1936年における主要都市の電灯電力供給区域
　　　資料：『電気事業要覧』

東京・大阪以外の主要県庁所在都市の供給区域
A　札幌
B　青森
C　盛岡
D　仙台
E　山形
F　福島
G　新潟
H　長野
I　甲府
J　富山
K　金沢
L　津
M　京都
N　岡山
O　広島
P　松江
Q　山口
R　松山
S　高知
T　福岡
U　熊本
V　長崎
W　宮崎
X　鹿児島

その他の主要都市の供給区域
1　福岡（岩手）
2　水沢
3　若松
4　高田
5　須坂
6　大町
7　多度津
8　多度津
9　延岡
10　人吉

≡　東京
|||　大阪
☰　琵琶湖
■　無灯火地域

県域の大半を供給区域としている県庁所在都市としては、盛岡、新潟、甲府、福岡、熊本が挙げられる。さらに大半とはいかなくても、県内で最大の供給区域をもつ県庁所在都市としては、札幌、山形、福島、富山、金沢、長崎、宮崎などが挙げられよう。

　このように、1936年においては県庁所在都市の供給区域が大きなものとして認められたが、この年に電気事業者の本社が置かれていた36県庁所在都市のうち、26都市が県内で最大の供給区域をもっていたのである。残りの10県においても、静岡県や福井県のように、東京や京都の企業の供給区域となっている地域が多いので、県庁所在都市以外の都市の供給区域のほうが広い面積を占めるのは、香川県（多度津）、宮崎県（延岡）、長野県（須坂、大町）ぐらいである。企業の合同はより大きな企業の成立と、その必然的な結果としての供給区域の一元化をもたらした。検討してきたように、県庁所在都市の地位の上昇は著しいものがあったが、県庁所在都市に本社を置く企業規模の推移からそのことを検討する。

　図15は1911年、1925年、1936年、1938年に電気事業者の本社が置かれていた県庁所在都市の事業者の従業者数がその県の全電気事業従業者数の何％を占めていたかを示したものである。

　図15をみると全体的な傾向として次のことがいえる。それは1911～1925年にかけて多くが比率を低下させ、そして以後また比率を上昇させて、1936～1938年にかけてはわずかな上昇となっていることである。

　1911年段階においては、多くの県において電灯電力を供給していた都市は限られており、しかも県庁所在都市の企業が群を抜いて大きい場合が多かったので、このような数値を示したのである。しかし、1915年になると各地で事業者が興り、電灯が普及したこともあって、県庁所在都市の比率は低下する。その後の上昇は企業合同が県庁所在都市の企業を中心に展開されたことを反映している。1938年では、32都市中16都市が75％以上の値を示すようになった。

　比率の低い都市は県内に競合都市をかかえている場合か、そのことも含めて企業合同の遅れたところである。前者については多度津、延岡、長岡、高田、小倉が県庁所在都市の競合都市として指摘できる。後者については福島と山形

がこれに該当する。福島と山形も数値は低いとはいえ、次第に増加してはいるので、県内におけるその地位は高くなってきていたといえよう。

企業規模の側面から若干補足しておこう。1911年においては、福井、大津、

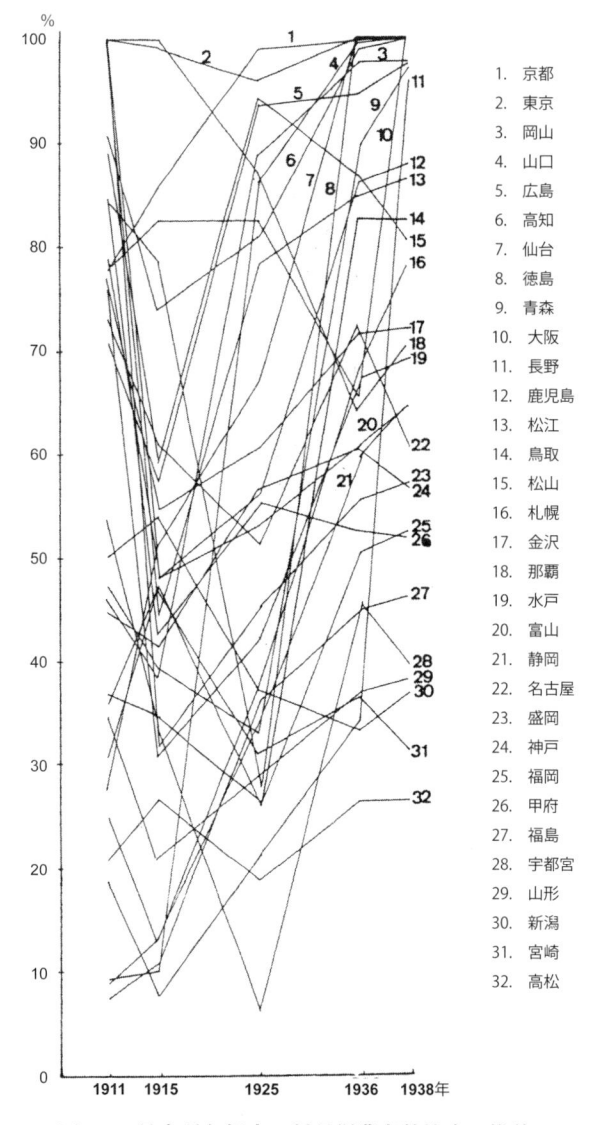

1. 京都
2. 東京
3. 岡山
4. 山口
5. 広島
6. 高知
7. 仙台
8. 徳島
9. 青森
10. 大阪
11. 長野
12. 鹿児島
13. 松江
14. 鳥取
15. 松山
16. 札幌
17. 金沢
18. 那覇
19. 水戸
20. 富山
21. 静岡
22. 名古屋
23. 盛岡
24. 神戸
25. 福岡
26. 甲府
27. 福島
28. 宇都宮
29. 山形
30. 新潟
31. 宮崎
32. 高松

図15　県庁所在都市の対県従業者数比率の推移
資料：『電気事業要覧』

表9 9配電会社の本社所在地とその供給区域

配電会社	本社所在地	供給区域
北海道配電	札幌	北海道
東北配電	仙台	宮城・青森・岩手・秋田・山形・福島県ならびに新潟・茨城・栃木・長野県の一部
関東配電	東京	東京府・神奈川・埼玉・千葉県ならびに群馬・茨城・栃木・山梨・新潟・静岡県の一部
中部配電	名古屋	愛知県ならびに静岡・三重・岐阜・長野・新潟・群馬県の一部
北陸配電	富山	富山・石川県ならびに福井県の一部
関西配電	大阪	大阪府・京都府・奈良・滋賀・和歌山県ならびに兵庫・三重・岐阜県の一部
中国配電	広島	広島・鳥取・島根・岡山・山口県ならびに兵庫・愛媛県の一部
四国配電	新居浜	徳島・香川・高知県ならびに愛媛県の一部
九州配電	福岡	熊本・長崎・福岡・大分・佐賀・宮崎・鹿児島・沖縄県

資料：『電力百年史』

　佐賀、熊本を除く43県庁所在都市に電気事業者の本社がみられたが、従業者規模でみたときに県内最大の事業者を擁していた県庁所在都市は27を数えた。
　1915年になると、それは大津、長崎、熊本、大分を除く43県庁所在都市中33を数えた。1915年には多くの都市に電気事業者が出現したため、県庁所在都市の従業者数の対全県比は低下するが、企業単位でみれば県内の最大事業者を擁する県庁所在都市は増えたわけである。そして、後段で説明をするように、この時期以降激しくなる企業合同においては、県庁所在都市の企業が中心的な役割を担うことになるのである。
　以上のように、いくつかの例外を除いて1930年代の後半においては、県庁所在都市の地位が高くなっていたことがこれによってもわかるであろう。
　また、1936年においては、1925年の時以上に東京の供給区域が拡大している。関東地方に注目すれば、既に相当広い範囲が東京の供給区域となっており、後の地方別配電の成立を容易にする素地ができつつあったことをうかがわせる。
　最後に1942年の状況について述べる。1942年には電気事業はほぼ完全に国家の管理下に置かれた。多数の電力会社で発送電部門は日本発送電株式会社に、配電部門は9つの配電会社にまとめられた。したがって、電灯電力供

給区域は配電会社ごとに9つに整理されたが、その状況は図示するまでもないので、配電会社の本社が置かれた都市単位にまとめて、表9に示す。この9都市は新居浜を除くと各地方の中心的な都市であり、この時点で各地方内の他都市とは比較にならぬ地位を示すようになったことはいうまでもない。

以上のことから、①わが国の電灯電力供給区域は当初、中心的な都市とその周辺に限られていたこと、②それが電気事業の普及とともに全国は細かい供給区域に分かれたこと、③やがて企業合同の進展によって電灯電力供給区域の数は減少し、個々の規模は拡大したこと、④企業合同とそれに伴う電灯電力供給区域の統合に県庁所在都市の多くが重要な役割を果たしたこと、また配電会社の設立によって、その本社の置かれた各地方の中心的都市の地位が高くなったこと、⑤東京の供給区域として示される範囲が次第に拡大してきたこと、などが指摘できた。

次に供給区域の変遷と関連する企業合同を具体的に取り上げて両者の関係を明確にする。とくに、県庁所在都市の台頭に焦点をおいて記述する。

4 企業合同の経緯

企業が自主的に合同する理由は次の諸点である。1) 事業を拡大することによって経営の安定化をはかる—これは合同に対する強い立場の企業にとってであり、被合同企業にとっては何らかの理由で行き詰まっていた経営を打開するためであった。2) 1) と関係するが、市場が交錯していることによって生じる二重三重の投資による経営効率の悪化を解消すること、3) 競争による不利益を避けること—多数の競合会社が併存していた時代においては需要家の獲得競争は激烈で、そのことは少なからず各企業の経営を圧迫していた。4) 電源地の確保[52]、などである。具体的な合同に際しては、これらが相互に作用していた。

一方、企業の意志とは別の理由も存在していた。政府による指導である。これは初期には勧奨という形であったが、次第に強制的になっていった。政府の指導は上記1)〜4)の業界自体の理由も考慮に入れてのことであり、その点で両者は表裏一体の関係にあった。国策の与えた影響は後段で取り上げること

表10　中国地方5県における電気事業者数の推移

	1897	1907	1911	1921	1925	1931	1936	1938
鳥取	0	1	3	10	6	2	1	2
島根	1	1	1	8	8	11	10	9
岡山	1	2	4	16	11	7	6	6
広島	3	4	8	4	6	7	6	6
山口	2	2	5	9	4	4	3	2

一般供給業と鉄道業兼営の合計
資料：『電気事業要覧』

にして、まず、ここでは中国地方を対象に企業合同の具体的な例を企業の抱える要因を軸にして、その背景と都市的視点を関連させて述べる。

　表10は中国地方5県の事業者数（鉄道専業と特供を除く）の推移である。1911年までは事業者数は一様に増加している。しかし、1921年には広島県において早くも著しい減少をみた。広島県ではその後やや増加するが、1931年になると鳥取県、岡山県で大きく減少し、1936年ではすべての県で減少した。企業合同の進展がうかがえる。

　図16は中国地方における電気事業者の合同過程を示したものである。この図から中国地方においては企業合同が基本的に県単位で行われたということがわかる。姫路の姫路水力電気が岡山の中国合同電気に合同されているような、県域を越えての合同は、4、5例しかない。

　しかも、鳥取県を除くと企業合同の中心は県庁所在都市である。県庁所在都市に本社を置いていた企業（山口県においては山口県当局）に、次第に県内の企業が吸収されたわけである。県庁所在都市に複数の企業がみられた場合もあるが、その場合は各企業がそれぞれの供給区域をもっており、結果として、1つの中心都市によって電気の供給が行われていたことになる。図によれば1920年代に合同はほぼ終わってしまい、1930年代後半に完了している。この状態は1942年に中国配電が設立されるまで続いた。

　さて、中国地方においては、鳥取県を除いてこのようにみごとに県庁所在都市（に本社を置く企業）への集中がみられたわけだが、以下にその具体的な合同状況を示していく。記述は中国電力株式会社の発行した『中国地方電気事業史』（1974）に多く依拠した。

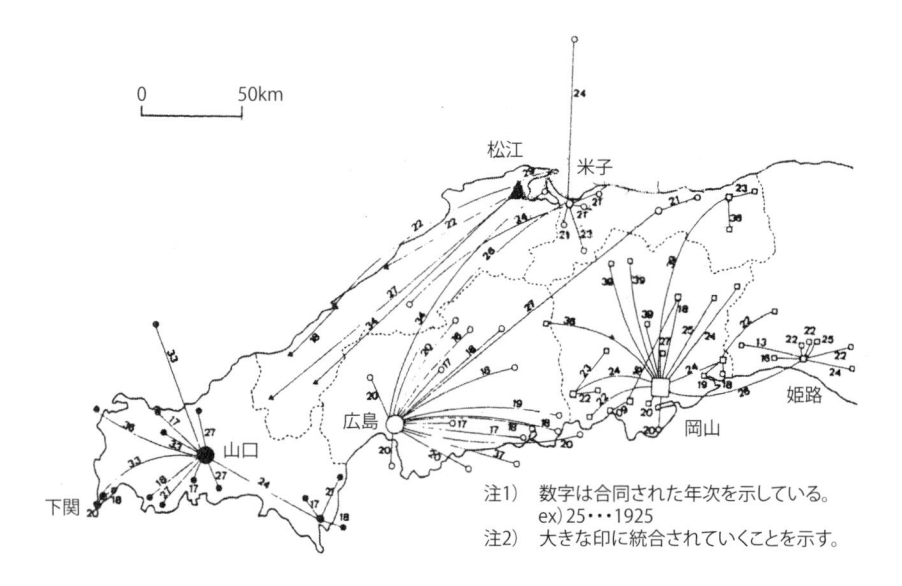

図16　中国地方における企業合同
資料：『中国地方電気事業史』

注1）　数字は合同された年次を示している。
　　　ex) 25···1925
注2）　大きな印に統合されていくことを示す。

広島県における企業合同

　広島県における最古の電気事業者は1894年に創設された広島電灯（設立時資本金6万円）である。「広島電灯は創業以来もっぱら広島市内の電灯供給によって事業を進めてきた」が、「他方では供給区域の拡大によって事業を発展させた。[53]」

　一方、広島県においては1899年に創立された広島水力電気（同25万円）がもう1つの有力な事業者であった。広島水力電気は1911年に呉電気鉄道と合併して広島呉電力となる。広島電灯と広島呉電力は1921年に合同して広島電気となるが、県の電気事業界における両者の存在は抜きん出ており、同県における企業合同は1921年まで、この両者を中心に展開された。当時の県内企業の資本金を比較したものが表11である．この表から同県における両者の地位の高さ、影響力の大きさは充分察しがつくし、両者を中心に企業合同が行われたことも首肯できよう。

表11 広島県における企業合同と資本金の推移

年次	広島電灯	広島水力電気	呉電鉄	その他
1894	60			
1899	90	250	300	尾道電燈（50）
1911	1300	700　（広島呉電力）		三原電気（100） 鞆電気（50） 三次電気（28）
1921	2500　（広島電気）			大崎電気（3） 東城水力電気（5）

数字は資本金　単位は百万円
資料：『中国地方電気事業史』

　1921年に2大企業の合同によって広島電気が設立されたわけだが、両者は長年の競合会社で、激しい競争を繰り返していた。両者の場合、合同の最大要因はその競争であった。『中国地方電気事業史』には次のように記されている。競争によって「県下の市場は二分され、送電系統の交錯ははなはだしくなって経営の効率を悪化させたが、さらに第一次世界大戦後の戦後恐慌が競争の不利益を倍加し、両者を合併に踏み切らせた[54]」と。
　合同によって中国地方でも大手の企業になった同社は1926年には山陰電気（米子）を合同して、鳥取県にまでその供給区域を拡大したのである。

岡山県における企業合同

　岡山県における最古の電気事業者は1894年に設立された岡山電灯である。岡山電灯は設立後しばらくの間需要が伸びず、経営は必ずしも順調ではなかったが、また強力な競争相手も長らく出現せず、存立を脅かされることもなかった。その供給区域は岡山市とその周辺に限られていた。1920年代に入って、山陽中央家電と中国合同電気という有力企業が登場する。前者は1921年に両備水電と播磨水力電気の合同によって設立したが、関西資本の企業であり、本社を大阪に置いていた。後者は1926年に中国水力電気と姫路水力電気の合同によって設立された。中国合同電気の合同要因は宇治川電気と山陽中央水電の

攻勢に対する合同した2社の対抗であったといわれているが、この合同によって中国合同電気は岡山県最大の電力会社となって他企業を吸収し（本社は岡山）、1941年に山陽中央水電との合同によって山陽配電となって消滅する。

　企業合同を都市的側面からみてみよう。中国合同電気の前身の1つは中国水力電気である。その中国水力電気は1916年に津山電気（本社：津山）と倉敷電灯（本社：倉敷）の合同によって設立した備作電気がその前身である。

　津山電気の主たる供給区域は津山町を中心とする県北部であり、倉敷電灯の主たる供給区域は倉敷を中心とする県南部一帯であった。両者の合同理由は、県南部の工業地域への電力供給と県北部の豊富な水力資源を、有機的に結びつけることにあった[55]。ここで重要なことは、この新会社の本社は当初は津山であったが、やがて岡山に置かれたことである。合同後も長らく岡山には電灯電力を供給しておらず、新会社の主たる供給区域は旧来からの県南部と県北部に分かれていたにもかかわらずである。中国水力電気となってからも吸収を続けて成長していくが、その当初から、本社は主たる供給区域ではないにもかかわらず、岡山に置かれたのである。岡山の都市的魅力がそうさせたと思われるが、この大きな理由の1つに県知事の権限が挙げられよう。詳しくは後述するとして、県庁所在都市の台頭の例として指摘しておきたい。

鳥取県における企業合同

　鳥取県における電気事業の嚆矢は、1907年に営業を開始した鳥取電灯である。以後，いくつかの企業が営業を開始するが、1920年代から他県の企業による県内企業の合同が相次ぎ、1939年には中国配電への統合を待たずに同県からすべての地元電気事業者が消滅してしまった。1926年、1927年には山陰電気（本社：米子）と倉吉電気（本社：倉吉）が広島電気に、1939年には鳥取電灯が中国合同電気に合同（事実上は既に1927年には支配下にあった）されたものである。この他にも山陽水力電気、因幡水力電気という有力2社が存在していたが、ともに元来大阪の大企業日本電力の子会社であったことから、1938年には同社へ併合されてしまい、鳥取県はこの時以来、外来3社によって電灯電力は分割供給されるようになった。

　山陰電気は1926年に広島電気に合同されたが、この合同における広島電気

側のメリットは「山陰地方進出の宿願を果たしたことであり、鳥取・島根両県を全面的・統一的に支配しようという事業拡張計画実現のための拠点を確保したことであった[56]」。

　一方、中国合同電気と鳥取電気の合同を後者の立場からみてみよう。鳥取電気は大正時代に需要家の増大などで大きく成長するが、昭和に入ると急に成長が衰える。『中国地方電気事業史』には、「昭和期になると電灯はほぼ普及しつくし、需要増大のテンポは鈍化する。したがって、未点灯部落を大幅に解消するか、もしくは合同によって供給区域を拡大しないかぎり、一電気事業の電灯需要が横ばいで推移するのは当然である。しかし、鳥取電灯の場合、減少という事態をふくめて、とくに停滞がめだっているのは、県勢そのものにも原因があったと思われる。（中略）いわゆる第一次産業のウェイトが高く、県民の所得水準が相対的に低く、とくに昭和5年からの農村恐慌の打撃が深刻であったことも、無関係ではなかったと考えられる[57]」とある。景気の変動によって経営が不振に陥り、別の有力な企業に吸収される典型であると思われる。

島根県における企業合同

　島根県における電気事業の嚆矢は、1895年に設立された松江電灯である。1910年代まで他企業の設立はみられず、1912年になって浜田電気（本社：浜田）、出雲電気（本社：大阪）、隠岐電気（本社：西郷）が営業を開始した。出雲電気は大阪資本であったが、1917年に松江電灯と対等合併を行い、新出雲電気が設立され本社は松江（旧松江電灯本社）に置かれた。この合同は山陰電気の攻勢に押されていた松江電灯の呼びかけによるところが大であったと指摘されているが、松江電灯側にとっても合同のメリットは大きく、『中国地方電気事業史』には「出雲電気の水力発電設備を活用して動力の調整がはかられること、つぎに大森鉱山をはじめ石見地区への不便な送電線路を改善できること、さらに企業規模の拡大で島根県における中軸電気事業の地位を確立し、山陰電気の攻勢に対抗しうること、などがそれであった[58]」と記載されている。このことは既述した合同のメリットと基本的に一致している。

　この合同によって、島根県の最大電気事業者となった新出雲電気は益田電気（本社：益田）をはじめ、以後、島根県内の事業者の吸収を重ねて、1924年

には県内に並ぶもののない存在となった。この当時、同県には島根電力ほかいくつかの電気事業者が存在したが、資本金規模といい供給区域の広さといい、新出雲電気の比ではない。

山口県における企業合同

　中国配電が設立されるまで、山口県において電気事業の中核をなしていたのは山口県当局であった。この点、これまで記述した諸県とは著しく異なる。山口県営電気は1924年に、その当時同県における有力会社であった山陽電気（主たる供給区域は吉敷郡、阿武郡、美祢郡）、宇部電気（同、宇部市とその周辺）、中外電気（同、山口県東部）の3事業者を県が買収して発足したものである。

　当時、山口県においては県内有数の電源地であった錦川をめぐって、水利権の出願が続出していたが、山口県においては1920年に、「低廉な電力を供給して県内産業の発展をはかるべく[59]」県みずから開発することを県議会で決定した。さらに、1924年に県会議長名で、県によって県下の電気事業を統一する旨意見書を県知事に提出して、電気事業の公営化を具体化することが進んだ。知事は県内事業者と交渉を進めたが、上述の大手3社が買収に賛意を示し、1924年にこれら旧3社の事業すべてを継承して山口県営電気が発足している。

　山口県営電気は発足以後県内の電気事業者の吸収を進め、1933年には東邦電力下関支店の供給区域を譲り受け、ほぼ全県域を供給区域に収めた。このように、山口県における電気事業は1924年から中国配電の設立まで、県営が大きな部分を占めた。そして、県の役割が大きかったので当然でもあるが、その事務所は県庁内の内務部電気局に置かれていた。

中国地方における企業合同のまとめ

　中国地方各県における企業合同は上述のような過程を経て、1930年代には他地方にさきがけてほぼ県単位の整理統合を終了した。このように、地方的なまとまりが速やかに行われたのは中国地方が「中央の五大電力の蚕食をうけることが相対的に少なかった[60]」ことが一因であると指摘されている。

　1930年代後半になって配電会社の設立案が提唱されてからは、業界をあげての反対運動が展開されるが、中国地方全体としては反対運動は低調で、大筋

として国策への協力に終始した模様である[61]。

1942年に設立された中国配電は本店を広島におき、資本金1億7,000万円で発足する。供給区域は中国地方5県のほか、兵庫と愛媛県の一部にも及び、広島、岡山、姫路、鳥取、松江、山口に支店が設置され、神戸と東京に事務所がおかれた。

5 電気事業政策の推移と地方別ブロック案

これまで述べてきたことからもわかるように、わが国の電気事業はその発生から成長期を経て整理期という過程を歩んできた。そして、最終的には国家管理の下に統合される。先に分析した銀行の場合では県単位の統合がなされたが、それより一段上の地方レベルでの統合までは行われなかった。それに対して斯業においては、県単位のまとまりが銀行の場合ほど鮮明にならないうちに、一挙に地方レベルでまとめられたわけである。斯業においてかくも強引な統合がなされたのは、電力がエネルギーというきわめて重要な分野であったことが大きく関係していよう。

しかし、地方レベルでの統合を可能にした背景として、銀行の場合ほどの明確さではないとはいえ、既にかなりの広さで供給区域がまとまりをもち始めていたという状況も確かに無視できない。県単位あるいは経済地域単位でのまとまりができ上がりつつあった、あるいは既にでき上がっていたために、国策による地方レベルでの統合が容易であったと考えられるわけである。

国策による統合案が一挙に具現化されるのは1940年代に入ってからであるが、それ以前から国による企業合同の慫慂がみられた。銀行の場合と同じである。業界もそれ自身が抱える既述した理由により自主合同を行っていたわけで、業界側の事情と国の慫慂によって、より重要な都市を中心にまとめられつつあった電気事業が1940年代に入って一気に再編成されたといえよう。

企業合同をもたらす業界自体の要因については前節で触れたので、ここでは国策がいかに企業合同を押し進め、その結果として、どのように少数の有力都市への集中をもたらしたかということを、都市の成長と関連させつつ当時の時代背景を踏まえて検討しよう。

電気事業政策の推移

　前述したように、わが国の電気事業は 1887 年の東京電灯株式会社による電力供給によって始まる。以来、斯業は隆盛していくわけだが、政府の当初の態度は取り締り的であった。しかし、やがて保護育成という姿勢にかわる。具体的な施策は 1911 年に公布された電気事業法である。この法律は若干監督的色合いもあるが、基調は事業者の利便を図ることに置かれていた[62]。

　これにより斯業は大いに隆盛するが、他の産業同様、好不況の与える影響は大きかった。電力というものの性格上、とくに産業界の動向は敏感に反映した。戦争景気による発展、そして戦争の終結に伴う反動恐慌による打撃という図式は他産業と同じである。その最初の試練が日露戦争後の不況であった。これによって早くも企業の倒産、合同、買収がみられたが、他方においては、大規模水力発電の開発に代表される技術の進歩が大量の電力生産を可能にした[63]。そのことは不況をのりきった企業にとっては、より一層の需要家の開拓を迫られることを意味した。あるいは他社との需要家争奪戦を展開せねばならないことを意味した。また、そのことは一方において電灯の普及速度を早めるという効果をもたらしたのである。

　第一次世界大戦による好況は他産業にもまして斯業には大きく作用し、最重要産業部門に成長していったが、しかし、戦後の不況は日露戦争後のそれとは比較にならぬほど大きく深刻であった。電力は過剰となり、事業者は激しい競争を迫られ、合同・吸収による事業集中が以前にもまして席巻するのである。そして、この頃より五大電力会社の力が抜きんでて大きくなり、その後の斯業の動向を左右するようになる。

　当時の電気事業者はこの五大電力をはじめとして激しい電力戦を展開するが[64]、この競争は、「競争区域内でのサービスの改善と料金の低下、およびそのことに基づく電気普及の増進という効果を生んだが、反面、無謀な競争によって設備の重複投資が行われ、資産状態の悪化、業績の低下をまねいた。そして、過当競争によるこのような弊害は電力産業に対して国家的統制が必要であるという世論をよびおこす契機[65]」ともなったのである。

　1932 年に電気事業法が改正され、これによって主務大臣の斯業に対する権

限（電気料金の認可制や設備の建設・利用など）が以前とは比較にならぬほど強化された。電力の国家管理にむけての大きな一歩を踏み出したわけである。政府はこの法律の制定に先立ち、1927年に1つの調査会を設けた。その調査会は1928年にさっそく電気事業の企業形態に関して報告を行い、さらに、1929年には逓信大臣の諮問により電気事業の統制に関する事項を調査している。そして、翌年4月に主務大臣の監督権限強化を盛り込んだ答申を提出し、これがその後の電気事業法の改正につながっていくのである[66]。

だが、政府はもっと早くから斯業に対する監督権限の強化に意欲を示していた。第一次世界大戦後の不況時に、時の逓信大臣野田卯太郎は、電気事業の合同を早くも慫慂している[67]。その結果、全国的に電気事業の合同が進展した。また、大臣の慫慂に基づき、各地において県知事が合同を斡旋した例も多くあった。具体例については後述する。

1932年の5・15事件を境に軍部の台頭が目ざましくなり、準戦時体制が進むにつれて、斯業に対しては単なる電力統制論ではなく、より明確な国営論が登場するようになる。次に、この時期より完全に斯業が国家の管理下に移るまでの間の事情を検討しよう。

電力国営論の具体的な表れは1936年の頼母木案であり、1937年の永井案である[68]。一般に前者が民有国営論といわれているのに対して、後者は民有国営を粧った国家管理案で、国家色の、さらにいえば戦時色の強いものであった。もちろん、同案に対して業界は激しい反対運動を展開した。さらに業界は反対するだけでなく、独自の案を提出することもした。しかし、社会全体の潮流が戦争へとむかっていた当時においては、もはや電力の国家管理への流れを止めることはできず、1938年になって電力国家管理の関連4法案[69]が成立するに至る。これに基づき電力の国家管理は実施段階に入り、翌年、日本発送電株式会社が設立された。当社は最初、異常渇水などに対して運営の不手際と組織の欠点を露呈するなど実効のうすいものであったが、1942年になって配電部門も統合されるにいたって、完全に電力事業は国の管理下に置かれたのである。

わが国の電気事業に対する国策の推移は上述のようにまとめられる。この推移を前述の供給区域の変遷と企業合同に関連させると、次のように整理できる。

斯業の発生から成長期にかけては、国の政策の方針は保護育成であった。そして、わが国の電気事業は都市部から次第に非都市部に普及し、多くの都市において事業者の発生存在をみた。

次いで、電気がほぼ全国に普及したあと、不況の影響などで行き詰まった弱小企業を対象に企業合同が始まると、その地域のより大きな都市に存在する事業者によって、周辺の（時には遠隔地の場合もあったが）企業がまとめられた。1920年代から1930年代前半にかけてである。その場合に、県庁所在都市のかなりの数が有力な都市として中心的役割を果たした。次第に政府の方針は国家管理を是とする意見も出はじめてはいたが、この頃は具体的にはならず、まだ大臣による慫慂であり、地方長官への通牒の発行という段階であった。

そして、1930年代の後半から社会全体の統制思想の高まりという風潮をも背景にして、政府は明確な斯業の国家管理を打ち出す。県庁所在都市や地域の中心都市より1ランク高い、地方の中心的都市を中核にすえて、ブロック単位に斯業を再編成するという構想であり、結果的にもそれが実現したのである。

次の項でそれぞれの時期における県庁所在都市の台頭と地方中心都市（配電会社の本社設置都市）の台頭の要因を、上記の諸点を踏まえて都市自体のもつ特性から検討する。その前に、地方中心都市の台頭と関連する地方ブロック単位として斯業をまとめるという構想がどのように出てきたのか、という経緯をこの項では省略したので、次に記述する。

地方別ブロック案の登場

電気事業におけるブロック案は、比較的早い時期からその構成が示されていた。当然のことながら、ブロック案の登場は業界の企業合同と関連しているが、政府、業界、そして両者の合同で提示されている。歴史的に順を追って記述する。記述は多く『東邦電力史』（1962）によった[70]。

まず、激烈化する販売競争を背景として、1928年に東邦電力の松永副社長は、電力自主統制に関する私案を示した。そのなかで、電気供給事業は一区域一会社主義で供給区域内独占であることを原則とし、そして「地域を北海道・東北・北陸・東海・関西・中国・四国・九州に分かつ。地域内小売会社は合併せしむること、ただし合併困難なる小売業者間は、生産プールを設くること[71]」

とした。おそらくこの提案がブロック案を含んだ最も早い提案であると推察される。

　1930年代に入って次第に強まる統制思想、準戦時体制を背景に、斯業においては単なる電力統制論の域をこえ、電力国営が声高にいわれるようになった。業界では国営賛成、反対、折衷論が展開されたが、その折衷論のなかに「企業の形態は、すべて現状のままとし、これを適当な地域に区画し、各地域内において立体的に合同せしむるよう政府でこれを助長すること[72]」という意見がみられる。ここではまだ業界の自主性の原則が前面にでている。

　1936、37年には、既述した頼母木案、永井案が提出され、業界は反論を展開する。1937年に永井逓相は官民合同の調査会を設置して電力問題を諮問し[73]、その答申を求めた。このやりとりのなかで業界は自己案として「電力統制要綱案」を提出する。そこに地方ブロック地域単位による事業統制の項目が掲げられている[74]。今、要点を抜粋すると次の通りである。

　　地方ブロック地域による事業統制
　　事業の画一統制を図る為全国を適当なる数個の地方ブロックに分画区分す（中略）
　　（三）地方ブロック地域は事業の統制、運営並に国防上、行政上重要なる関係を有するを以て慎重に之を分画区分せらるべきこと勿論なりと雖、左の8区域と為すも一案なるべく其の各ブロックに包含せらるべき地域に関しては既設の発電、送電設備並に既設事業の形態等を考慮し適当に之を定むるものとす。
　　　（1）北海道地域（2）東北地域（3）関東地域（4）中部地域
　　　（5）関西地域（6）中国地域（7）四国地域（8）九州地域

　政府が送電部門にひき続き配電部門を統合しようとすることは、電力事業の国家管理を貫徹するためには当然の帰結であったが、前者に比べて後者の国家管理が遅れたのは、これが技術的に難しいと判断されていたためである。しかし、配電統制をも行おうという政府の意欲は早くからみられた。それは企業合同への慫慂という形で現れた。例えば、1937年には逓信省によって「電気供給区域ノ整理統合ニ関スル件[75]」という通牒が地方長官に発せられている。

次いで同年12月の閣議では、整理統合の対象を小規模事業者のみならず一般化することが決められ、さらに1938年の改正「電気事業法」では主務大臣の一層の権限強化が認められた。しかし、この時期には強力な国家統制は避けられ、行政指導によってその実をあげようとしたが、1940年になって村田逓相が配電部門の統合の意志を示すと、にわかにその実現にむかって事態は展開する。同年8月の官民懇談会においては、民間側も配電管理について、1）発送配電を一会社に統括し、一貫経営せよ、2）全国を数ブロックに分かち、当該地域における発送配電を一貫経営せよ、3）全国を数ブロックに分かち配電事業を統合せよ、といった案を示し、いずれも統制強化に沿うものであった[76]。

　同年9月の閣議で「電力国策要綱」が決定され、そこにおいて発送電管理の強化がうたわれると同時に、配電統合の実施も提起された。全国を数地区に分けたうえで、各地区の全配電事業を統合するという考えである。

　しかし、むしろこの頃一層業界の反対は激しくなり、政府案に対抗するように業界から独自の案が提起されたりしている。例えば、中国電力社長牛尾健治は1940年に日本発送電株式会社を根本的に改組した地域別発送電ブロックの形成という私案を発表している。それは「自主統合を原則とし、また地方の特殊事情の尊重を前提とした地域別発送配電一貫経営論[77]」であった。さらに、牛尾は配電統制についても、ブロック別地方配電統制会社の設立という構想も示した。原則は自主統制の強化にあったものの、その考えは国土防衛を充分意識していた。すなわち、彼の示した具体案は1940年8月に軍が発表した軍師管区単位のブロック案と一致するものだったのである。

　業界の激しい反対にもかかわらず、1941年に改正された「国家総動員法」は多大な権限を政府に与えて、配電統合実施の法的根拠が確立されるのである。

　以上がブロック案の推移である。政府ははじめに発送電部門の一体化を行い、その後配電部門のブロック化を実施した。一方、業界にも自主統合という原則の下にブロック化の構想の芽はみられていた。最終的には早くから業界の示したブロック化という構想を、政府が国家管理という考えの下に採用するという結果になったわけである。

　ブロック化採用の理由は何だったのだろうか。ブロック案が登場する背景の1つは国防との関連である。当時強力なものとなっていたであろう軍の存在は

非常に大きかったと推察される。配電会社というのはまさに高度国防上の考えにたつ産物である。第2の理由は、日本発送電株式会社の経営の失敗に懲りた政府が配電会社を1つの巨大な組織にまとめることを避けたからであろう。第3の理由は、電気事業は需給の調節が難しいので、あまりの広範囲を対象とすると、速やかな運営を妨げることが懸念されたし、逆に県単位でのような小さなまとまりでは、料金の県間差の調節ができなくなるなどの問題をうまく解決できないことが認識されていたからである[78]。また、ブロックの分け方については、「常識」と「一般的空気」の支配するなかでの「政治的判断」であったとも指摘されている[79]。

6　県庁所在都市と地方中心都市の台頭要因

県庁所在都市の台頭要因

先の銀行支店網の分析において県庁所在都市の台頭を検討したとき、その主要因を、1）県当局の指導性の増大、2）県庁所在都市の経済的有利性、3）地方制度の改定と県の役割の増大　の3点に求めた。斯業において県庁所在都市が次第に重要になっていく要因も、基本的にはこの3点によるところが大きいと思われる。2）と3）については、先の分析において既に説明を加えたので、ここでは改めて触れない。そこで、おもに1）について具体的な例を示したい。ただ人口についてのみ補足的に説明しておきたい。

斯業における県庁所在都市、すなわち県当局のもつ重要な権限としては、水力発電に利用する河川の水利権を挙げることができよう。水力発電の比重が高かった時代において、水力電源地の利用の可否が重要であったことはいうまでもない。その許可権限は知事が持っていた。県当局の役割は重要である。

第2は企業合同を勧告する知事の権限である。大臣のあるいは逓信省の通牒は地方長官たる知事に発せられた。それに基づき知事は県内企業の合同を慫慂している。

具体的な例を挙げてみよう。例えば、出雲電気と浜田電気は1922年に合同したが、『中国地方電気事業史』には「出雲電気の重役会記録（大正10年7月16日）は『島根県知事ヨリ本県電気事業会社合併ヲ勧誘セラレ、就中浜田

電気ト合併ノ意志アルヤ否ヤ社長ニ懇談アリ大ニ賛成ノ意志ヲ表示シ其ノ実現ヲ研究スベシト答エタリ』と記しているが、当時、広島電灯と広島呉電力の合併が進行中であり、電力事業集中化の形勢を背景に、県知事が合併の勧告をおこなったものとおもわれる[80)]」と述べられている。

また、三重合同電気の設立（1922）についても、『東邦電力史』には「当時、国の政策としても、小電気事業を併合する必要を認め、この趣旨を体してかかる割拠経営の弊害を改めるために、時の三重県知事山脇春樹は県下電気事業の併合統一を画策し、前記4社に厳倉水電株式会社を加えた5社の合併を慫慂した[81)]」と記されている。結局3社が合同して三重合同電気となるのだが、企業合同において果たした知事の役割がよく理解できる。県知事のこういった役割は銀行の合同においてもみられたが、重要な権限として指摘しておきたい。

次に、都市人口の問題に触れておこう。電灯の普及において人口の集積は大きな意味をもつ。大口の需要を可能にする産業がそれほど存在しない時代あるいは地域においては、一般電気事業者の得意先は一般家庭であり、その開拓と争奪は重要であった。したがって、人口の多集積は市場開拓の容易さとその効率において大きな利点だったのである。表7からもわかるように1908〜1940年においては、表の諸都市以外の県庁所在都市はすべて各年次において県内の最大人口都市である。県庁所在都市の高い人口集積が早くから電気事業の成立を可能にしたのであり、またそれは県内で最も有力な事業者である場合が多かった。

また、県営・市営のいわゆる公営電気事業も多くみられた。例えば、東北地方においては17（県営2、市営2、町営4、村営5、組合4）の公営電気事業が配電統合まで残存したが、「このうち経営状態が良好だったのは仙台市営、青森県営など、よい供給区域をもっていた事業者であった[82)]」ことが報告されている。仙台は東北地方の諸都市のなかでは早くから工業の盛んな都市ではあったが[83)]、両公営ともに高い人口集積地区を供給区域としていた有利性が経営状態の良好さに結びついたといえる。

地方中心都市の台頭要因

9配電会社の本社所在地は既述した通りであるが、東京、大阪、名古屋の

3市は人口集積や企業活動の旺盛さにおいて、当時既に抜きんでており、電気事業を地方レベルのブロックに分割した場合、この3市はそれぞれの中心的存在になることには問題ない。そこで、ここでは残りの6市を中心に分析を行う。都市人口、企業状況、保有都市機能の3点から検討を行う。

6市がその地方の他市と比較して抜きんでている場合には、配電会社の本社所在地となることは、これまた問題はない。あるいは都市の状況が貧弱であっても、そこにおける電気事業者の存在がその地方の事業者のなかで抜きんでている場合にも、本社所在地として認められることは首肯できる。

表12は地方ごとに1938年における6市と他の都市を比較できるように、人口とそこに本社を置く電気事業者の従業者数の合計を示したものである。札幌、仙台、広島、福岡においては、一応両指標とも他都市より優っている。札幌は人口では函館と大差ないものの、従業者数では比較にならぬほど大きい。仙台は人口において新潟と、従業者数においても高田や新潟と大差ないが、いずれも新潟県と東北地方のなかでは最大である。広島は既に両指標とも当時の中国地方第一のものであった。福岡も従業者数ではわずかに多いという程度のものだが、人口では九州地方随一である。富山は人口において金沢より少なく、従業者数においてわずかに金沢より多いという状況であり、新居浜は両指標とも問題になら

表12 主要都市の人口と電気事業従業者数

	人口（千人）1940年	従業者数 1938年
札　幌	206	990
釧　路	63	
函　館	203	11
室　蘭	107	
小　樽	164	42
仙　台	223	1154
青　森	99	853
盛　岡	79	547
秋　田	61	
福　島	48	679
山　形	69	340
新　潟	150	969
高　田	30	1070
富　山	127	1494
高　岡	59	658
金　沢	186	1238
福　井	94	34
広　島	343	2581
岡　山	163	1516
松　江	55	650
山　口	34	1337
鳥　取	49	154
新　居　浜	42	436
多　度　津	7	826
松　山	117	2068
徳　島	115	24
高　知	106	1339
高　松	111	252
福　岡	306	2367
佐　賀	50	
長　崎	252	18
大　分	76	56
熊　本	194	1286
宮　崎	66	172
鹿　児　島	190	1426
那　覇	65	141
小　倉	173	1935
延　岡	79	205

従業者数とはその都市に本社をおいている企業の全従業者の合計である。
資料：『国勢調査報告』『電気事業要覧』

表13 主要都市における本社と支所

都市＼年次	1907 本社	1907 支所	1921 本社	1921 支所	1935 本社	1935 支所
札幌	3	5	1	9	1	31
釧路	1	1	1	2	1	3
函館	5	11	2	14	1	17
室蘭	1	1		4		3
小樽	5	10		20		36
仙台	3	10	1	11	3	34
青森	1	2		3		5
盛岡	2	1	2	1	3	2
秋田	2	1	1	2	1	6
郡山		1	3	1		3
福島	3	2	2	2	1	5
山形	3	1	1	1	1	2
新潟	7	7	2	7	4	10
富山	3	2	3	1	3	6
金沢	2	13	2	13	3	26
福井	1	5	1	5	1	11
広島	2	14	5	13	6	32
岡山	5	1	3	5	4	14
下関	2	8	1	17	3	15
松江	2	1	1	2	2	4
山口	1	1	1			2
鳥取		2		2	1	5
高松	1	1		4	2	9
松山	3				3	5
高知	2		1	2	3	5
徳島	4	2	1	2		5
福岡	2	10	3	27	5	56
小倉		1	4		3	10
大分	2		1	2		
長崎	1	8	7	12	3	12
熊本	2	3	2	6	2	11
宮崎	2	1		1	1	3
鹿児島	4	3	5	5	4	6
佐賀	2			1		4

資料：『日本の都市体系研究』（阿部2000）から抜粋

ぬほど低い。

次に新居浜を除くこれら5市の高次都市機能を比較してみよう。表13は1907、1921、1935年の関連する主要都市における有力民間企業の本社と支所の状況を阿部（2000）の研究から抜粋したものである。5市はいずれも本社の数は少ない。しかし、1935年では、札幌、仙台、広島、福岡はその地方の他都市よりはるかに多い支所を有している。1921年時点で、既にその後の増加を予測させるものがあるが、1935年において、他都市との格差はきわめて明確である。しかし、富山は金沢よりはるかに支所の集積は劣っている。

次に、高次な政治的都市機能を示すものとして、政府機関の集積についてみてみよう。これについては、広域中心都市研究との関連で既に優れた報告がなされているので、福岡、仙台、札幌についてはそれらに基づき検討したい。福岡においては二神弘（1970）の研究、仙台については吉田宏（1972）の研究、札幌については柏村一郎・山本博信（1971）の研究を参考にする。

二神弘によれば、第二次世界大戦まで九州地方における政府機関の最大の集積地は熊本であった。それが1940年代に入って、徐々に福岡にも政府機関が

みられるようになったが、それを決定的にしたのは第16方面軍の軍司令部、福岡軍需監理部、九州地方総監府という軍関係機関の設置であったと述べている[84]。

吉田宏は仙台におけるこの機能を調査して、仙台は「明治以来一貫して東北地方の行政的中心地としてのドミナンスを有していた[85]」と指摘している。

柏村一郎・山本博信は札幌は旭川に移転した軍機能を除くと、20世紀のはじめから政府関係機関の集積は道内の他都市と比較にならぬほど多かったことを指摘している[86]。

以上のことを総合して考察すると、札幌、仙台、広島、福岡に配電会社の本社が設置されたことは充分に理解できる。いずれも、人口は多く、電気事業者の規模は大きく、経済的・政治的な高次都市機能の集積も早かった。当時、既にこれら4都市はその地方のなかで抜きんでた存在だったといえよう。それを決定的にしたのが軍の意向であり、軍関係の機関の設置である。これら4都市が現在においても各電力会社の本社所在地となっていることはいうまでもない。

新居浜と富山を除く各都市への配電会社設置は上述のように条件が揃っているが、この2市の場合はやや状況が異なるので、ここで両市に本社が設置された経緯について触れる。

四国配電の設立が決まったとき、その本社所在地をどこにするのかということは大変重要な問題であった。いくつかの都市が本社所在地の候補地として名乗りをあげて誘致合戦を展開したが、最終的には逓信省の指導で新居浜への設置が決定した。新居浜には四国中央電力株式会社という大企業が本社を構えていたとはいえ、この決定は他のどの都市に本社を設置してもトラブルの種になることを避けるための妥協の産物であった[87]。

やがて2年後に四国配電の本社は松山に移るが、それは四国軍需監理部が松山に置かれたからである。そして、戦後の1950年に電気事業が再編成されるに及んで、高松への本社移転が決められるが、既に軍需監理部は戦時中から高松へ移されており、この頃から高松の地位が高いものとなるのである。

四国地方においては、このように他地方ではみられない本社所在地の変動があった。それはこの当時、他地方のように四国地方には、あらゆる面で抜きん

表14 北陸地方の主要都市における電気事業者の状況（鉄道業専業を除く）

都市＼年次	1911 従業者数	1911 資本金規模	1915 従業者数	1915 資本金規模	1925 従業者数	1925 資本金規模	1936 従業者数	1936 資本金規模	1938 従業者数	1938 資本金規模
富山	119	120	183	210	149	725*	212	2,851*	267	3,101*
					362	1,200	127	1,800	133	1,800
					118	335	786	3,250	911	3,250
					14	15	76	350	16	50
							27	500	9	10
									68	350
高岡	32	10	54	25	175	180	626	983	658	983
					26	60	21	50		
金沢	136	200	210	200	407	1,187*	478	1,276*	482	1,334*
					559	500	749	600	756	600
							24	60	25	60
									19	50
福井					24	20	30	20	34	20

資本金規模の＊は公営事業の固定資産を示す。
資本金規模の単位は百万円
資料：『電気事業便覧』

でた都市が存在しなかったからであるといえよう。高松が次第に評価されるようになるのは、中央との交通の便の良さが第一であったと考えられることと[88]、軍の動向が大きな影響力をもっていたからだということがわかる。

　富山への配電会社の本社設置について述べる。当初、政府によって発表された配電統合の構想は北陸地区を中部地区に含めていた。これに対して、北陸の地元事業者は北陸の特殊性を強調して、北陸地区の独立の必要性を述べ[89]、その結果北陸配電会社が設置された。本社は富山に置かれたが、その要因の第一は富山県における工業生産活動の高さである。とりわけ、電気化学、電気冶金などの電力多使用型の工業の発達が必然的に地元での電力会社の発達を促し、当地の電力事業をこの地方の最大の産業としたのである。

　富山、金沢、福井、高岡の北陸地方の主要4都市における電気事業者の状況をみてみよう。表14がそれである。1925年では富山のほうが4社と数は

多いが、企業規模においてはむしろ劣っている。それが1936年では事業者数はもとより、企業規模においても富山のそれが大きく成長した。1938年には一層その傾向が強くなったといえる。また高岡にも大事業者が存在していたので、県レベルで比べても、富山県のほうが石川県より斯業においては優位だったといえよう。

　1940年には、電気事業の国家管理の動きをいち早く察知した地元の経営者が、当地方の最大手の日本海電気（本社：富山）を中心に自主統合を展開し、地元12社を統合して北陸合同電気株式会社を結成した。本社は、統合の中心が日本海電気だったこともあり、富山に設置された。北陸合同電気の資本金は8,800万円という巨額に達し、北陸地方では並ぶもののない大事業者となって、北陸配電株式会社の設立においては当社がその指定会社となったのである。そして、その本社は富山におかれた。

　金沢という有力都市が近くにありながら、富山が配電会社の本社所在地となりえたのは、まさにその母体となりうる有力事業者が存在したからである。他の配電会社の本社所在地が人口や都市機能の集積においても、他都市より高い地位にあったのとは異なる事例である。

7　要　約

　わが国の電気事業は開業以来暫くの間は政府の保護育成政策の下に順調に発展した。当初、大都市を中心に発展した電気事業も、1920年代に入ってからは地方都市にもみられるようになり、ほぼ全国へ普及し終わった。しかし、景気の変動はこの産業にも大きな影響を与え、不況時に経営の行き詰まった企業はより大きな企業に吸収されていき、1924年をピークに一般電気事業者は整理される方向にむかう。当初は保護育成的立場をとった政府も、斯業のもつ重要性を認識するにつれ、監督的姿勢を強めるようになり、数次の法律改定によってついには国家の管理下に斯業を収めるに至った。この章の目的はこういった企業合同のもつ空間的な意味、ひいては企業合同を促した政治的経済的要因が空間の秩序に対してどのようなインパクトを与えたかということを、都市の盛衰と関連させてみることにあった。

都市の電灯電力の供給区域を歴史的に整理し、それを企業合同と関連させてみた結果、当然のことながら、両者には強い関係があった。企業合同は経済的あるいはそれを踏まえた政治的要因によって、1920年代に入ってから激しくなるが、それは一般により大きな都市のより大きな企業への集中という形になって現れた。しかも、1930年代に入ってからは、多くの県で県庁所在都市がその役割を演ずるようになってきた。前述の銀行支店網の事例ほどではないとはいえ、明らかな傾向としてそのことは認められた。さらに1940年代に入ると国家管理の下に配電会社が設立されたが、その本社は各地方の中心的都市に置かれ、それまでの複数の競合会社の併存という状況から、斯業は一気に地方ごとに主要9都市に本社を置く配電会社にまとめられた。

　1930年代の県庁所在都市の台頭、1940年代の地方中心都市の台頭の要因を検討してみると、前者については、銀行支店網の事例で指摘したこととほぼ同じことが考えられ、とくに県当局の指導性の増大と県庁所在都市の経済的有利性は明らかであった。後者については、都市人口、高次都市機能の集積プロセス、当該都市の企業規模の諸点から検討した結果、富山と新居浜を除いて他都市より高い地位にあったことが指摘できた。さらに準戦時下あるいは戦時中において、軍関係の機関がこれら地方中心都市に設置されたことも配電会社の本社所在地として認められる大きな要因であったといえる。

第4章　新聞社通信局網の変遷

1　資料、対象年次ならびに分析の手順

　作業の基礎資料としては㈱日本電報通信社発行による『新聞総覧』を用いた。この総覧は1907年版として第1回が刊行され、以後毎年1回刊行されて1943年まで続いた。当時の新聞社の状況を知るには最適なものと思われる。しかし、この『新聞総覧』にはいくつかの欠点もある。その1つは年によって記載の内容に差異があることである。しかも、時代が古くなるにつれて記載内容が不充分であり、そのことが長い期間にわたる史的分析を不可能にしている。第2の欠点は県によって（記載は県単位である）記載に精粗があることである。しかも大規模新聞社は詳しく記述されているが、小規模新聞社については記載が粗雑な場合が多い。このことは全国的な空間的分析を不充分なものにしている。このような欠点を有するものの、これより他にすぐれた資料が現在のところみあたらないので、主資料としてこの『新聞総覧』を使用した。

　研究対象期間はできる限り長い期間をとりたかったが、上述した資料の不備により1925年以前の分析は不可能なので、この年を最初の年とした。取り上げた年次は1925年、1929年、1932年、1935年、1942年である。1925年は既述したように、充分な資料が得られる最も早い年という理由からであり、1942年は新聞社の統合の完成年次である。他の年次は1925～1942年の17年間を概ね等間隔にしたものであるが、既述の銀行と電気事業の分析年次になるべく近くなるようにした。

　具体的な作業として銀行支店網の分析の場合と同様に、まず各都市の各年次における新聞社通信局網[90]を整理する。新聞社が本社を置いている都市を中心に通信局網を整理する。

分析は3つのレベルに分けて行う。3つのレベルとは、①全国レベル、②地方レベル、③道府県レベル、である。以下の分析もこの順序で進める。①は、日本全国を対象とするが、②と③については、それぞれ典型的な地方と県を取り上げて分析することにした。

新聞社といっても種々様々なものがあるが、本論では日刊の普通新聞を発行していた営業新聞社を対象とした。

2 第二次世界大戦前の新聞業の概要と国の新聞政策の推移

本章で取り上げる新聞業は既述した銀行、電気事業と似かよった歴史的経緯をたどった産業である。近代的な新聞（社）は明治時代になって登場するが、この当時、なかには新聞（社）というにはほど遠いような規模と内容でしかないものも数多くみられた。当初の新聞は少数の例外を除いて政論を掲載することを目的にして生まれ、また政党の機関紙的な性格をもったものが多かった。具体的な分析に入る前に、第二次世界大戦前の新聞業と国の新聞政策について要約する。

表15は1920〜1942年における道府県別の日刊普通新聞発行数と新聞社の本社の置かれていた都市数の推移を示したものである。1920年において、有償の日刊紙は623を数え、以後順調に増加したことがわかる。しかし、1930年代に入ると、その増加にもかげりがみえ始める。1935年には、新聞社数は1,222にまで達するものの、この年を頂点にして減少し始め、1938年には1,103になる。1932〜1935年の3年間では、わが国全体でわずかに98の増加に過ぎなかったうえ、16もの県においてその数は減少をみた。さらに、1935〜1938年においては、ついにわが国全体でその数は119の減少をみた。わずかに11府県でのみ微増しただけで、他はすべて減少あるいは現状維持にとどまっている。

そして、1940年代に入って一気にその数は減少する。この変化は国策によってもたらされたものであるが、ここで注目しておきたいことは1935〜1938年の変化にみられるように、1930年代の後半には、既に日刊普通新聞社数は減少を始めていたということである。そのことは国策としての新聞統合

表15　1920～1942年における日刊普通新聞社数と本社所在都市数の推移

	1920	1925	1929	1932	1935	1938	1942
北海道	35 (13)	54 (16)	64 (16)	77 (18)	80 (18)	62 (18)	1
青　森	4 (3)	9 (3)	9 (3)	12 (3)	15 (5)	11 (4)	1
岩　手	4 (2)	4 (3)	11 (5)	13 (5)	13 (6)	14 (6)	1
宮　城	4 (2)	10 (4)	17 (6)	18 (6)	17 (5)	16 (5)	1
秋　田	9 (2)	6 (3)	5 (3)	5 (3)	5 (4)	7 (4)	1
山　形	11 (4)	14 (5)	15 (5)	15 (5)	12 (5)	11 (5)	1
福　島	8 (4)	12 (4)	19 (7)	21 (7)	24 (6)	28 (8)	1
茨　城	4 (3)	8 (3)	9 (4)	8 (3)	9 (3)	9 (3)	1
栃　木	3 (1)	5 (1)	9 (3)	11 (3)	15 (5)	10 (4)	1
群　馬	6 (3)	6 (3)	16 (4)	15 (5)	15 (5)	13 (5)	1
埼　玉	2 (1)	5 (1)	6 (1)	8 (3)	11 (4)	12 (5)	1
千　葉	2 (1)	2 (1)	7 (1)	10 (4)	14 (5)	12 (5)	1
東　京	121 (1)	118 (1)	170 (1)	194 (1)	234 (1)	238 (1)	11 (1)
神奈川	18 (2)	16 (2)	22 (4)	19 (9)	17 (4)	20 (4)	1
新　潟	16 (8)	20 (8)	22 (9)	23 (9)	21 (9)	20 (8)	1
富　山	7 (3)	10 (3)	10 (3)	7 (2)	8 (2)	6 (2)	1
石　川	7 (1)	8 (1)	8 (1)	8 (1)	8 (1)	10 (1)	1
福　井	12 (4)	12 (5)	17 (5)	15 (5)	14 (5)	12 (5)	1
山　梨	8 (1)	10 (1)	6 (1)	9 (1)	6 (1)	7 (1)	1
長　野	21 (8)	31 (12)	38 (12)	41 (13)	39 (13)	38 (11)	1
岐　阜	14 (3)	16 (3)	18 (3)	16 (3)	14 (3)	12 (3)	1
静　岡	10 (4)	14 (4)	33 (6)	35 (6)	51 (7)	56 (7)	1
愛　知	33 (5)	56 (8)	65 (8)	74 (8)	83 (8)	61 (6)	5 (5)
三　重	19 (8)	26 (9)	19 (9)	25 (10)	23 (10)	16 (10)	1
滋　賀	8 (2)	12 (2)	18 (5)	21 (3)	23 (4)	17 (4)	1
京　都	24 (2)	28 (4)	26 (6)	40 (7)	38 (6)	33 (6)	1
大　阪	40 (1)	66 (1)	69 (1)	86 (1)	89 (1)	90 (1)	4 (1)
兵　庫	21 (4)	41 (5)	43 (6)	39 (6)	51 (5)	48 (4)	1
奈　良	5 (1)	10 (2)	6 (3)	6 (3)	10 (3)	9 (3)	1
和歌山	14 (5)	16 (7)	17 (8)	23 (8)	18 (8)	18 (8)	1
鳥　取	3 (2)	6 (3)	4 (3)	5 (3)	4 (3)	4 (3)	1
島　根	2 (1)	2 (1)	3 (1)	3 (1)	3 (1)	2 (1)	1
岡　山	6 (2)	7 (3)	10 (3)	10 (4)	11 (4)	10 (4)	1
広　島	12 (4)	18 (4)	19 (4)	20 (4)	18 (4)	18 (4)	1
山　口	7 (4)	15 (4)	24 (5)	18 (10)	27 (8)	17 (6)	1
徳　島	5 (1)	3 (1)	3 (1)	2 (1)	4 (1)	3 (1)	1
香　川	4 (1)	3 (1)	2 (1)	2 (1)	2 (1)	2 (1)	1
愛　媛	7 (3)	14 (5)	23 (8)	15 (6)	20 (8)	17 (6)	1
高　知	5 (1)	5 (1)	2 (1)	3 (1)	4 (1)	4 (1)	1
福　岡	40 (11)	46 (13)	59 (13)	71 (14)	67 (15)	40 (11)	1
佐　賀	5 (2)	9 (2)	7 (2)	11 (2)	11 (2)	4 (2)	1
長　崎	15 (5)	17 (5)	21 (6)	17 (3)	13 (3)	10 (4)	1
熊　本	5 (1)	8 (1)	10 (1)	8 (1)	5 (2)	6 (1)	1
大　分	6 (2)	18 (5)	26 (7)	28 (6)	29 (5)	32 (1)	1
宮　崎	2 (1)	2 (1)	5 (3)	9 (3)	15 (7)	12 (5)	1
鹿児島	4 (2)	5 (2)	5 (2)	5 (3)	4 (3)	5 (3)	1
沖　縄	5 (1)	3 (1)	3 (1)	3 (1)	5 (1)	6 (1)	1
計	623 (154)	826 (176)	1020 (211)	1124 (226)	1222 (230)	1103 (211)	65

(　)内は本社所在都市数。各年とも12月末日の状況。
資料：『大日本帝国内務省統計報告』『新聞総覧』

政策が登場してきたときに、その遂行を可能にする素地をつくっていたことを予測させる。1942年には東京府、大阪府、愛知県を除いて1県1紙に統合されてしまうが、このときに成立した新聞がほぼ現在みられるわが国の諸新聞の基礎となっている。

　国策としての新聞統合政策が登場するまで、斯業の合同が遅々として進まなかったのは、多くの新聞が政党の機関紙的性格を色濃くもってスタートしたことからもわかるように、簡単に合同するというような事態を潔しとしなかったからである。それはまた新聞というものの性格上当然のことでもあった。

　表15中の（　）内の数字はこれら新聞社の本社が置かれていた都市の数である。県によって状況は非常に異なっていて、石川県や高知県のように、最初から県庁所在都市1市のところもあれば、北海道や福岡県のように、常に10を越える都市に新聞社の本社がみられたところもある。

　本社所在都市を多くもつ諸県はその多くが広い県域をもつか、そのこともあって県内の各地に地域中心的な都市が存在していた。また、福岡県のように県庁所在都市とは別に県内に鉱工業都市の発達がみられ、それらに新聞社の本社が立地していた県もあった。

　本社所在都市数の変化は新聞社の数ほどの変化はない。福岡や大分のように1935～1938年で4つも減少している県もあるが、これは例外的であり、ほとんどの県は1～2の減少でしかない。1930年代までには規模を無視すれば、とにかく新聞社の本社が置かれていた都市はかなり存在したのである。

　さてここで斯業に対する国策の推移を簡単に要約する。わが国の新聞政策は、元来「届出主義」であった。為政者の基本姿勢は、勝手に発行させておいて、不良なものが出てくればその時点で処分するというものであった[91]。しかし、周知のように軍部の力が強くなり、言論報道に対する取り締まりは厳しくなる。その最たるものは1938年5月の国家総動員法[92]であり、これに基づいて1941年には新聞紙等掲載制限令、新聞事業令[93]などの勅令が出された。1938年には新聞用紙制限令[94]が出され、1940年には内閣直属の新聞用紙統制委員会が設立されて、新聞の整理統合が始まった。このときに各県の地方長官が指導的役割を果たすのであるが、これについては具体例を示しつつ後述する。

新聞界はこのような状況に対応して、1941年に自主的統制機関としての、「日本新聞連盟」を結成し、また「共販制度[95]」を実施するに至る。この連盟は用紙割り当ての調整にも参加するが、この時点で既に当時の新聞はその独自性を完全に失ってしまったといえよう。この連盟も1942年に設立された統制団体である日本新聞会にとって代わられ、新聞は完全に政府の監督下に入った。そして、かねてより弱小新聞の整理を意図していた内務省は「日本新聞会」の設置で新聞の整理統合方針を確立する[96]。このような一連の統制強化に対して、当然、新聞界からも激しい反論や反対運動が展開されるが[97]、用紙の割り当てというどうにもならない権限を握られていて、結局は抗しえず、わが国の新聞は整理という方向にむかうことになったのである。

3　通信局網の推移

各新聞社は一定の販売区域をもち、自紙を販売することによって利潤をあげる。現在では、いわゆる全国紙は大都市ではだいたい購入できるようになっているが、大都市部を離れると、全国紙といえども、日常的な入手はそれほど簡単ではない。多くの地方においては、その地方のいわゆる地元紙が最大の発行部数となっていることのほうが多い[98]。

1つの都市に複数の新聞社が本社を置いている場合には、それらはお互いに競合関係にあり、通信局網も多くの場合重複している。ここではそれらを統合して、その都市の新聞社通信局網とする。ただし、地方新聞社の東京通信局・大阪通信局というのは除外して考察する。なぜなら新聞社である以上、大都市とくに首都東京への通信局設置は欠かせない。どんなに小さい新聞社でも東京通信局は所有しているといってよい。それゆえ、各都市の通信局網にこの2市は加えないことにする。

全国レベル

表16は1890年代における主要新聞の発行部数である。既に朝日・毎日両新聞は相当の部数を誇っているが、両新聞がその発行部数において他の追随を許さなくなるのは、日露戦争から大正時代にかけてであるといわれている。わ

表16　1890年代における主要新聞の発行部数（千部）と全国における順位

年次	1894年	1895年	1896年	1897年	1898年
大阪朝日	①29	①25	①28	①36	①37
大阪毎日	②19	③21	③21	③21	③31
東京朝日	③17	⑥16	⑥16	④20	⑤15
万朝報	④15	④20	②24	②26	②31
中央新聞	⑤14	②23	④21	⑤19	④21

丸数字は全国順位
資料：『読売新聞八十年史』

　が国の新聞の多くは政論を掲げることをもって主旨としていたが、この両紙は政治的中立をもって旨とし、かつ大衆路線を歩んだことが多くの読者を獲得した一因であったといわれている。両紙はその販売に鎬を削りつつ部数を伸ばし、ついに1924年に100万部を突破した[99]。これには第一次世界大戦の好況と、大正デモクラシーという言葉で示される当時の社会風潮が大きくあずかっている。もちろん、両紙は販売努力も怠らなかった。つまり、ともに1916年には夕刊を発行し、さらに、その前年から続けていた地方版の充実を推し進めて、ついに1930年前後には1県1版制を確立するなど、大都市のみならず、地方の読者を獲得する策を積極的に講じて販売部数を増やしたのである。この夕刊の発行と地方版の印刷開始は両紙の部数伸長に大きく貢献した[100]。そして、このことは各地方の地元紙にとっては大打撃であった。大規模全国紙の地方進出は1930年代に入って進捗する[101]が、これは各地方の地元紙の整理淘汰を促進させるという役割をも果たすのである[102]。

　さて、このような部数の伸長は紙面制作、すなわち通信局網の整備と一体になっていることはいうまでもない。朝日新聞と毎日新聞の通信局網の整備過程はきわめて類似しているので、毎日新聞（合同前は大阪毎日新聞と東京日日新聞）を例にして、この過程をみることにする。

　毎日新聞（本社：大阪）の通信局は日露戦争当時、東京、名古屋、京都、神戸、長崎に支局が設置され、そして、既に各県庁所在都市には社員もしくは特別通信員が配置されていた[103]。1910年代後半の大正時代半ばには、門司、福岡、横浜にも支局が置かれた。1925年当時の通信局配置は図17（A）の通りで、

第4章　新聞社通信局網の変遷　　　　　　　　　　　　　　　83

□　1920年までにすでに支局の置かれ
　　ていた都市
●　1925年における支局
○　支局以外の通信局

図17（A）　1925年における毎日新聞の支局・通信局網

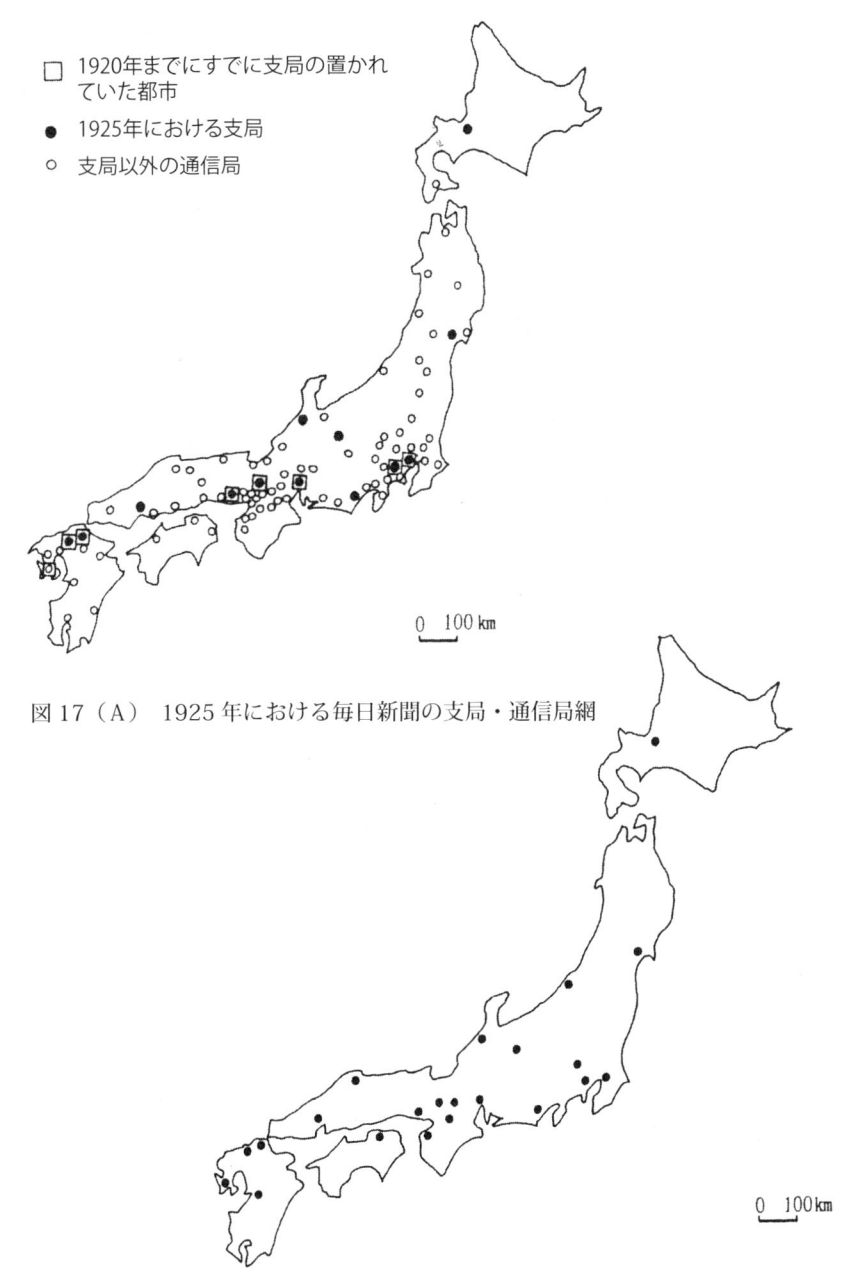

図17（B）　1927年における毎日新聞の支局網

ほぼ全国の主要都市には通信局が置かれていたことがわかる。さらに、2年後には図17（B）のように、大津、奈良、和歌山、松江、高松、熊本、長崎（一時通信部に降格していた）、新潟、千葉、浦和の通信部が支局に昇格し、1933年には沖縄県を除く全県庁所在都市に支局が置かれて、その通信局網は整備充実されたのである。

地方レベル

ここでは県レベルより上の段階での通信局網の展開を検討する。ここで対象となる都市は名古屋、高松と、いわゆる4つの広域中心都市であるが、資料も揃いやすく、広域中心都市としても典型的な福岡を取り上げ、その九州地方をはじめとする西日本諸地域への通信局網の展開をみることにする。

図18（A）（B）（C）は1925年、1935年、1941年、1942年の九州地方における各都市の通信局網である。1925年では福岡、長崎、大分、別府、宮崎、鹿児島の各市がかなりの通信局網をもっている。福岡県においては本社立地都市が多くみられた。とくに、現在の北九州にはかなりの通信局網をもった新聞社が存在している。

1935年では、上記諸都市と熊本がその通信局網を拡大させた。そして、依然として福岡県には、1925年の時と同じく、新聞社をもつ都市が多く存在する。しかし、1941年、1942年には大きな変化が表れた。この年の他都市のデータはやや信頼性に欠けるが、それにしても福岡の通信局網の拡大は著しい。しかも、1930年代に多くみられた福岡以外の県内諸都市の新聞社は消滅してしまった。福岡の通信局網はすべて西日本新聞社のそれである。

西日本新聞社は1942年8月に地元有力紙の福岡日日新聞と九州日報の合同（事実上、前者による後者の吸収合併）によって誕生したが、その結果、企業規模が大きくなっただけではなく、通信局網も九州一円はもとより中国地方にまで広がるなど、飛び抜けて拡大したのである。

福岡県における新聞合同について今少し触れたい。既述したように、この頃の政府の新聞政策は1県1紙を原則としていたが、東京、大阪、愛知、福岡の4府県は状況が複雑で、なかなか簡単にはまとまらなかった。

福岡県における事情とは、まず第一に、地元紙以外に西部朝日と西部毎日

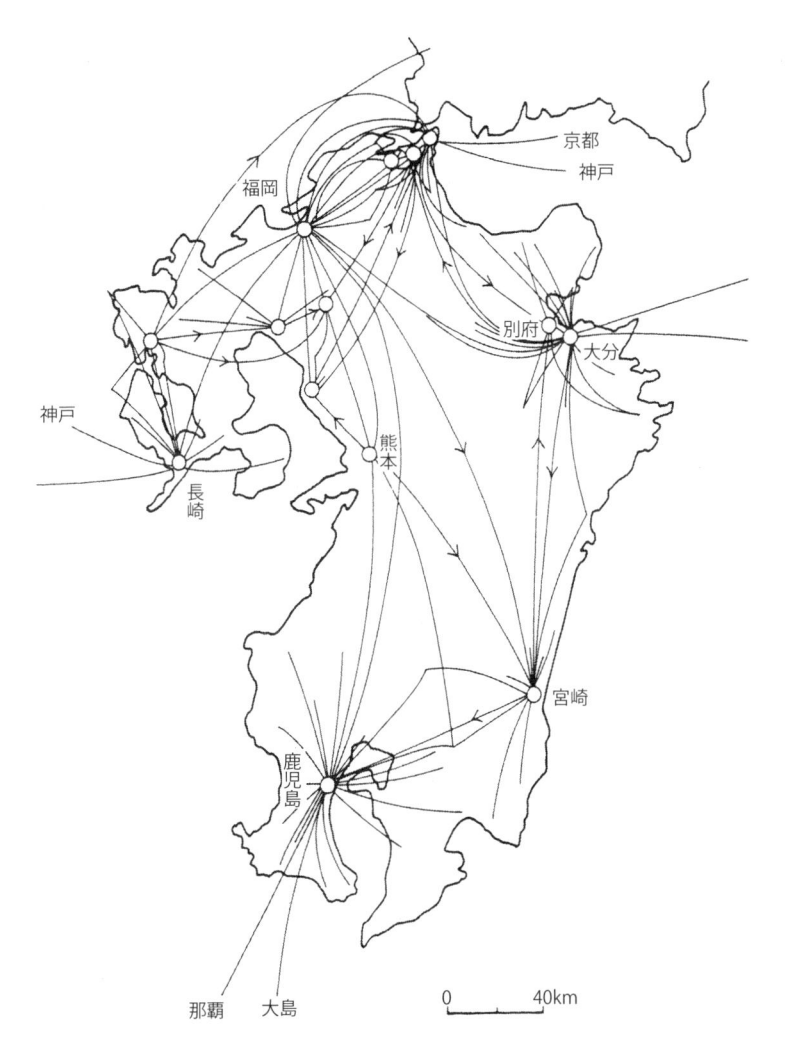

第 4 章　新聞社通信局網の変遷　　　　　　　　　　　　　　　85

○　　　　　新聞社の本社が所在する都市
○───○　両本社所在都市からともに通信局が出されている場合
○─→─○　左側の本社所在都市からのみ支局が出されている場合
以上の凡例は、図18のABCに共通。

図 18（A）　1925 年の九州地方における各都市の通信局網
　　　　　　（沖縄については通信局網を確認できず）

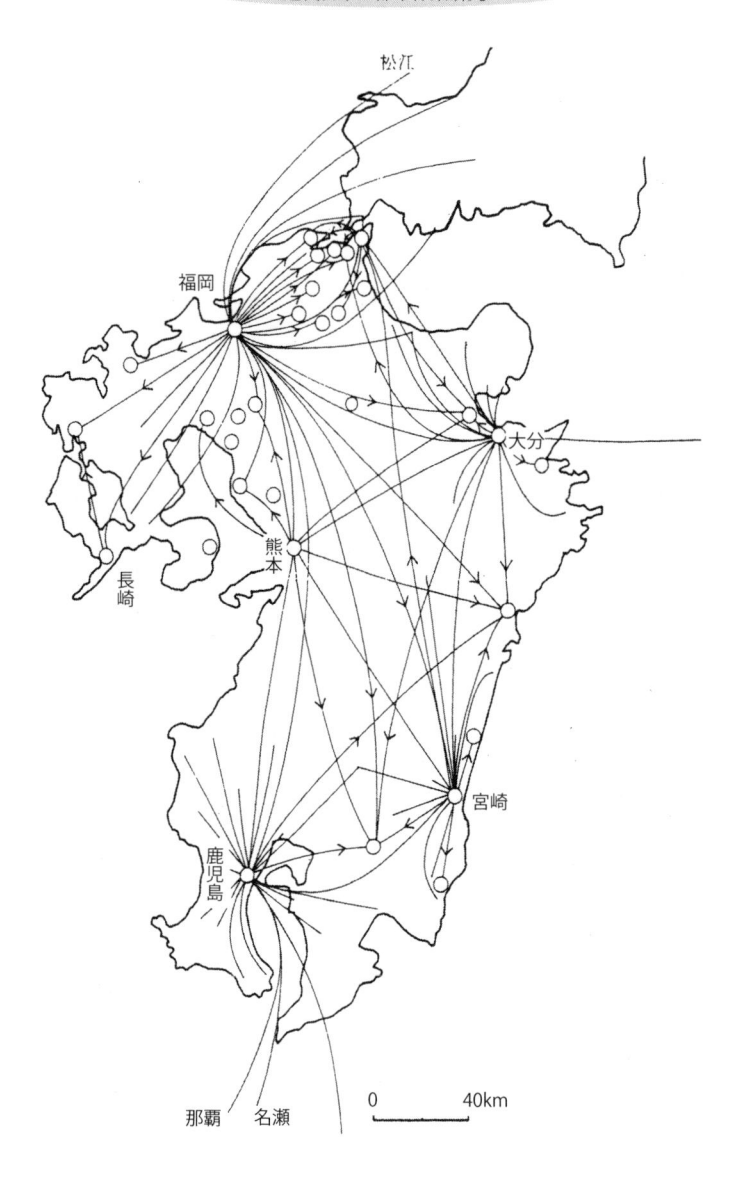

図 18（B） 1935 年の九州地方における各都市の通信局網
（沖縄については通信局網を確認できず）

第4章　新聞社通信局網の変遷

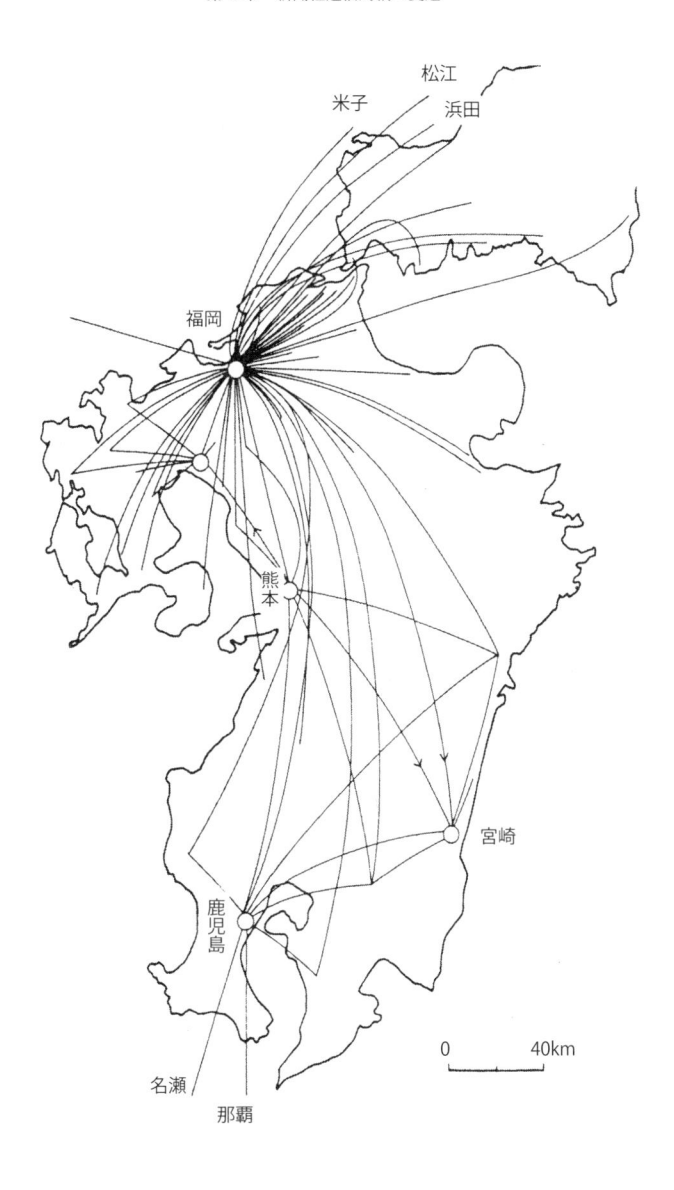

図18（C）　1941・42年の九州地方における各都市の通信局網
　　　　　（大分県・長崎県についてはデータなし）

表17　九州地方における主要新聞の資本金の推移（単位 万円）

	新聞社名	1925	1929	1932	1935	1938
福岡	福岡日日新聞	45	100	100	100	100
	九州日報	20	30	60	60	60
門司	門司新報	5		7	5	10
小倉	小倉新報		5	10		4
	東洋民報			25		5
	九州報知新聞			4	4	5
佐賀	佐賀日報	15		15	15	
	肥前日日		15			
長崎	長崎日日新聞	3.5	3.5	10	20	20
	長崎新聞	10	10	10.5		
	長崎民友			10	10	5
熊本	九州新聞	30	30	30	30	30
鹿児島	鹿児島新聞	30	50			
	鹿児島朝日新聞			10.5	10.5	10.5

未記入の年次は資料なし。
資料：『新聞総覧』

（いずれも本社は現北九州市）が1935年に、ともに朝夕刊とも現地印刷を開始して[104]、しかも相当大量に読者を獲得していたこと、そして有力地元紙の1つである九州日報が1940年8月以来読売新聞の経営に移っていたことである。結局、政府は閣議で、西部毎日、西部朝日の発行継続を認めたうえで福岡日日新聞、九州日報の合同を強力に勧奨した。その結果、1942年7月に知事立会の席で二大地元紙の合同が成立するのである。これにこぎつけるまでにも知事ならびに県警察部長がしきりに合同を斡旋しており[105]、これは銀行や電気事業の場合と同様である。

　次に、資本金の面から考察してみよう。表17は九州地方における主要新聞社の資本金の推移である。これをみると、1925年において既に福岡日日新聞の資本金は45万円であったが、九州日報、九州新聞、鹿児島新聞の資本金もそれぞれに大きく、福岡日日新聞の資本金が抜群であったわけではない。しかし、4年後の1929年には、福岡日日新聞の資本金は一挙に100万円に達し、

その他の新聞とは比較にならぬほど大きくなっている。これは1938年まで変わらない。同じ福岡の競争紙であった九州日報も1929～1932年にかけて資本金が倍増し、この時点で福岡は県内はもとより、九州の諸都市中並ぶものなき新聞資本の集中都市となっている。

福岡の新聞社通信局網は西日本新聞の成立によって飛躍的に拡大するが、斯業における福岡の地位は既に1930年代前半において圧倒的な地位にあったといってもよいだろう。

西日本新聞の前身の1つである福岡日日新聞は1907年に佐賀日日新聞を、1909年に熊本日日新聞を、1915年に佐世保日日新聞を、1918年に崎陽日日新聞を、それぞれ佐賀県、熊本県、長崎県において発行させるなど、通信局網の展開とは別に、その勢力は早い時期から北部九州地方一円に浸透してもいたのである。

県レベル

新聞社というものの性格上、地方政治の中心地である県庁所在都市に本社を置くことの有利性はいうまでもない。したがって、県内の新聞社が合同していった結果、最終的に銀行の場合と同様、県庁所在都市に本社が設置される事例が多いが、そのタイプは大別して3つある。

第1は県庁所在都市はもちろんのこと、県庁所在都市に対抗しうるような勢力をもった都市にも有力な新聞社が存在していて、県内を分割しつつ競合していたが、結局は合同して県庁所在都市の一新聞社にまとまるもので、その典型的な県として新潟県や長野県を挙げうる。これをタイプi)とする。

第2のタイプは、複数の新聞社が県内の複数の都市に存在するものの、県庁所在都市の新聞社が並はずれて大きく、他都市のものは比較にならないほど小さい場合である。そのために新聞社の合同とはいっても、県庁所在都市に本社を置く新聞社相互の合同が重要かつ問題で、合同後はますますその新聞社が県内において唯一最大の存在となる。これをタイプii)とする。

第3のタイプはi)のタイプに似ているが、i)とは逆に、県庁所在都市の力及びそこに本社を置く新聞社の勢力が他都市より劣るために、新聞合同が県庁所在都市以外の都市主導で行われるケースである。この例はきわめて少ないが、

山口県を挙げうる。これをタイプiii)とする。しかし、山口県の場合も、合同によって成立した新聞社は最終的には本社を下関から山口に移している。次に上記3タイプのうち、i)とii)について典型的な県を取り上げて分析することにする。タイプiii)は例外的ともいえるので、以下ではとくに取り上げない。

タイプi)

このタイプの典型として、先にあげた新潟県を取り上げよう。新潟県における新聞社数は表15で示されるように、だいたい20前後で推移してきた。主な本社所在都市は新潟、長岡、高田、柏崎であった。図19（A）（B）（C）は1925年、1929年、1935年のこれらの都市の新聞社通信局網を示したものである。

1925年において早くも新潟の通信局網は相当に広い。これは新潟に本社を置く新聞社の全通信局網を総合したものであるが、既に県内で最大の通信局網を示している。しかし、1929年においても、柏崎と高田はともかく、長岡の通信局網も県中部を中心に相当展開している。

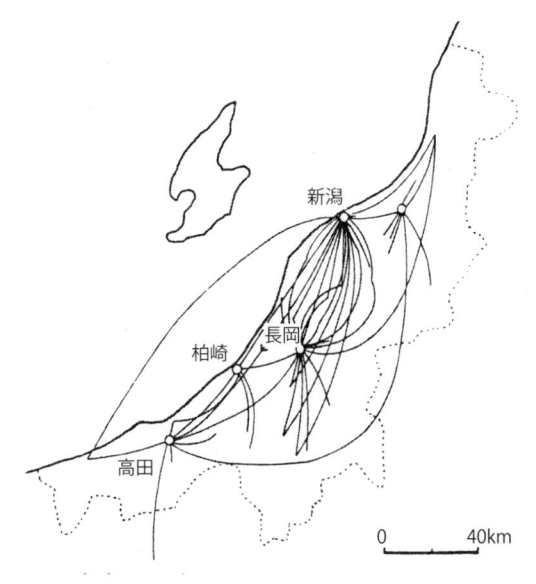

図19（A） 1925年の新潟県における通信局網

第4章　新聞社通信局網の変遷

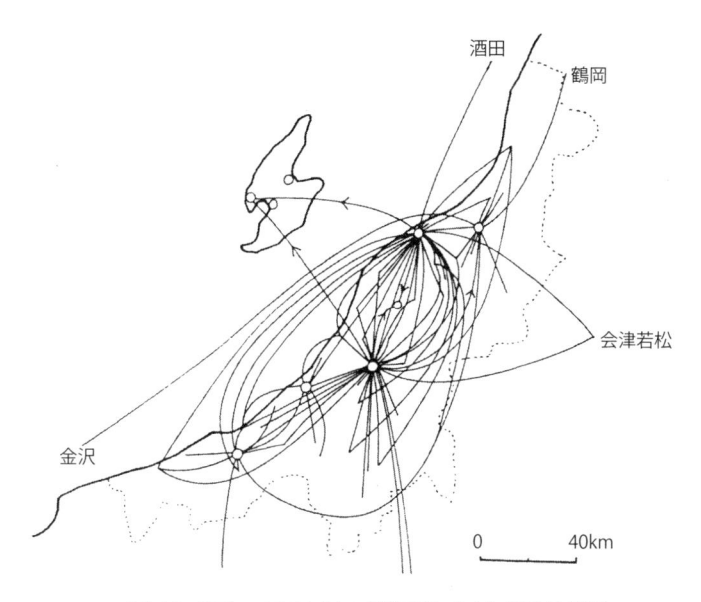

図19（B）　1929年の新潟県における通信局網

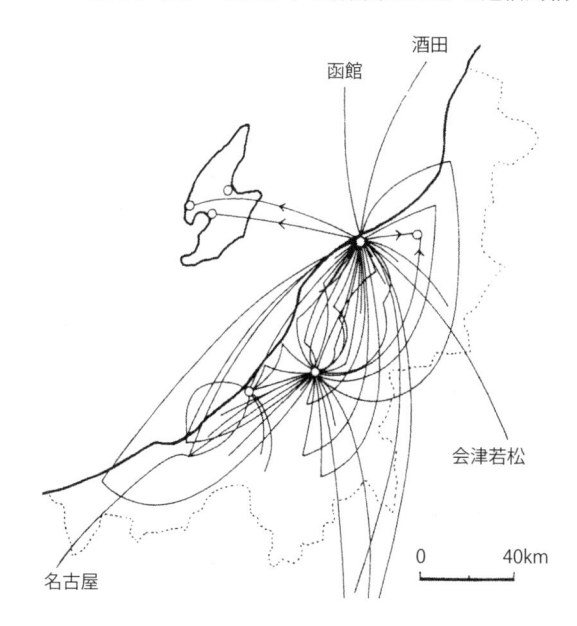

図19（C）　1935年の新潟県における通信局網
（高田についてはデータなし）

表18　新潟県における主要新聞の資本金の推移（単位　万円）

	新聞社名	1925	1929	1932	1935	1938
新潟	新潟毎日新聞	10	20	20	20	30
	新潟新聞	20	20	20	20	20
	新潟時事新聞	15	15	15	15	
長岡	北越新報	20	20	20	20	20
	越佐新報	15	15		15	15
	長岡日報	5	5	5	5	
柏崎	柏崎日日	—	2	2	2	
高田	越後新聞	1	1	1	1	

—はその年には会社未成立。未記入の年次は資料なし。
資料：『新聞総覧』

　表18は対象期間中の新潟県における各新聞社の資本金の推移である。高田の新聞社の資料が不足しているが、新潟と長岡はだいたい同じような規模の新聞社が営業していたことがわかる。

　新潟県においては、1940年末から1941年にかけて新聞社の合同が相次いだ。合同は新潟、長岡、高田の各中心的都市を中心に行われた。すなわち、新潟においては新潟毎日新聞と新潟新聞の合同によって新潟日日新聞が誕生し、長岡においては北越新報が越佐新報を吸収し、柏崎日報を合同して新潟県中央新聞が誕生し、高田においても高田日報、高田新聞、高田毎日新聞、柏崎新聞の4紙が合同して上越新聞が誕生している。これらの合同はいずれも国策に協力したものであった。この結果、県下の新聞業界は大きく変わったわけだが、都市の面からみれば、柏崎の勢力が衰えたものの、新潟、長岡、高田においては、1つになった新聞社の勢力が明確になったわけである。

　さらに1942年に、新潟日日、新潟県中央、上越新聞の3社が合同して、新潟日報という新会社が誕生する。このように、新潟県においては1930年代の後半までは、若干の変化（隣接県の主要都市にも通信局網が置かれたといったようなこと）はあるが、基本的に1920年代の状況が継続していたといってもよい。それが1940年になってまず地域単位で合同が始まり、その後わずか1年余で県単位の合同が成立して、県下の通信局網は新潟の新潟日報に一元化

表 19　新潟県における主要3新聞の概要（1940年・1941年）

	本社所在地	資本金	成立年月日
新潟県中央新聞	長岡	26万円	1940年12月1日
上越新聞	高田	8万円	1940年12月1日
新潟日日新聞	新潟	19万9,500円	1941年8月1日

資料：『新潟日報二十五年史』

されたのである。

　ここで新潟県における企業合同についてもう少し詳しく検討する。既述した日本全体の新聞史の変動のなかで、新潟県の新聞界も大きく揺れ動いたことは上述した通りである。

　新聞の統廃合は内務省警保局から地方長官に示達されたが、当県においても知事の命を受けた特高課長が県下の新聞の統廃合を斡旋指導している。合同は簡単には進まなかったが、1940年段階ではとにかく先の3社の成立をみた。新しく成立した3社の概要は表19の通りである。しかし、情勢は新潟県という1つの県において、3つもの新聞社を並存させることを許さず、結局新潟日報という1つの新聞社にまとまるわけだが、その経緯を『新潟日報二十五年史』から引用してみよう。次のように書かれている。

　「しかし、時局は県下における3紙の並存すら許さなかった。一県一紙の実現はまぬがれず、上記3社を統合する動きが登場する。知事は次のような条件を出した。

1. 三社協力して一社を創設す。
2. 社名・紙名は知事に一任。
3. 新社の株の配分は新潟日報6、中央3、上越1の割り合いとす。
4. 重役の数および選任は知事に一任す。
5. 資本金の総額は新旧の現在の資本金に社屋を評価したるものを加えて，これを総額の六割として、算出する。
6. 出資は新社に所要の施設たる現物をもってす。出資すべき現物の評価につき協議整わざる時は知事の裁定による。

7. 本社の所在地は新潟市とする。
　　　8. 長岡市および高田市に支社を置く。新紙は新潟版、中越版、上越版を発行、高田市に夕刊上越版を発行す。
　　　9. 旧社員は新社に採用す。
　　　10. 新紙は八月一日発行の予定。
　これに基づいて三社間で協議が行われ、17年10月7日、中川特高課長に一切一任することで手を打ち、同9日に土居章平知事の裁定一任で承服し、12日の会合で、三社統合契約書が調印された。その内容次のとおり。
　　　第1条　三社は協力して一社を創設す。
　　　第2条　目的（略）商号（株式会社新潟日報社）
　　　　　　　資本金総額　50万円
　　　　　　　本社の所在地　新潟市
　　　　　　　支社　長岡市、高田市
　　　　　　　新潟、長岡、高田に夕刊発行
　　　第3条　新会社の株式の持ち分（知事指定どおり）
　　　　　　　以下　略[106]　」

　以上の経過を経て、新生新潟日報が誕生したわけである。この経緯をみてまず第一に気づくのは、知事、特高の強引ともいえる指導性の発揮であろう。反対することを許さなかった時局の状況とはいうものの、行政サイドの指導力の大なることに驚く。銀行や電力の再編成においてみられた知事の指導性が斯業においても同様にみられた。新会社の本社が新潟に置かれたのも当然といえよう。

　タイプ ii)
　このタイプは多くの例をみる。全国的には、i) のタイプよりこのタイプのほうがむしろ普遍的といえる。このタイプの検討においては、複数の都市の競合状況を追跡することは意味がない。それゆえ、県庁所在都市に本社を置く新聞社の通信局網の発展過程を追うことを主眼とする。多くの例のなかから岡山県を代表として分析を行いたい。
　図20（A）（B）（C）は岡山に本社を置く新聞社の通信局網の変遷を示した

表20　岡山県における主要新聞の資本金の推移（単位 万円）

	新聞社名	1925	1929	1932	1935	1938
岡　山	中 国 新 報	50	50	30	30	
	山 陽 新 報	5	5	5	30	
	岡 山 新 報	10	10	5		
	合 同 新 聞					48
津　山	津 山 朝 日		0.15			
笠　岡	備 南 毎 日	―	1			

未記入の年次は資料なし。―はその年には会社未成立。
中国民報の1929～1932年の減資は株式会社への改組のため。
資料：『新聞総覧』

ものである。岡山以外にも新聞社は存在していたが、その通信局は確認できなかった。しかし、表20からも推測できるようにその活動範囲はさほど広いものであったとは思われない。岡山の新聞社が当県で圧倒的な地位にあったことは明白である。

図20をみると、岡山の通信局網は年とともに拡大していくが、1929年には、既に隣接県の主要都市にも通信局網が伸びていることがわかる。実際には県下のもっと小さい市町村にも通信局は置かれていたらしいので[107]、これらの図に表現されている以上に通信局密度は高かったと思われる。これらの図は岡山

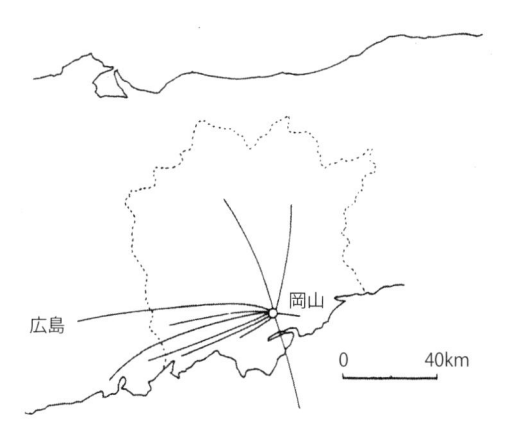

図20（A）　1925年の岡山県における通信局網

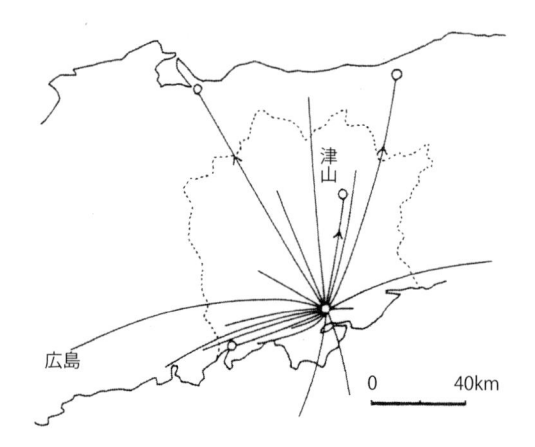

図20（B） 1929年の岡山県における通信局網

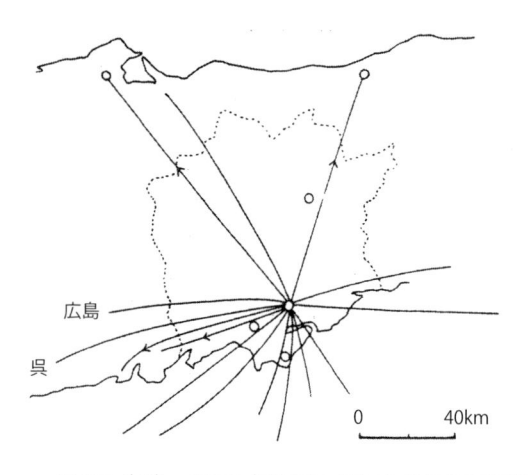

図20（C） 1935年の岡山県における通信局網

の通信局網の最も外側の範囲を示しているとみなされよう。

　いずれにせよ、岡山県の新聞通信局網は岡山のそれが、広さにおいても密度においても常に圧倒的であった。岡山の新聞社のなかでも、中国民報・山陽新報・岡山新聞の3社が大きな勢力を誇っていたわけだが、1936年12月1日に、前2社が合同して山陽中国新聞（合同新聞社）が誕生する。1941年3月1日にこの新会社が岡山新聞社をも合同するが（次いで11月3日に津山朝日新

聞および倉敷日報を合同する）、1936年の山陽中国新聞誕生の時点で岡山県の新聞界は事実上1県1紙を達成したといってよい。

　他の多くの県においては、知事の慫慂、指導、政府による新聞用紙の統制といったことが合同を直接的に規定していくのだが、岡山県においては、国策を先取りするという形で合同が成立した。その要因は大別して3つある。

　その3つとは、①同一市場を分割しあっていることによって生じる消耗を解決したかったこと、②外電をはじめとする地元以外のニュースの受け入れ窓口はとっくに一本化していたこと、③県下の6銀行が1919年1月に合同して第一合同銀行という新銀行になっていたことから、ともに別々の会社とはいえ、背後の資本系統が一本化していたことである（第2章）。

　『山陽新聞七十五年史』には次のような指摘がある。

　「経営の合理化を声明して、実業界より入って中民（注：中国民報）専務に就任した大森と、中民重役陣より入って山陽社長となった岡本との間に、両者合併の調印が行われたのは昭和11年9月10日であった。

　経営を合理化する方法として、両者を加えて1とすることが先決条件でなくてはならぬ。殊にその資本系統が、県下銀行の統合によって既に1つになっていた際であり、殊に郷土紙としての使命を果たす上において、両社とくに異なった信条のあったわけでもなく、いわんやその供給さるる海外通信、国内通信、商況通信、写真通信を挙げて、1本になってきたのであるから、これを契機として多年かもされて来た両者の合併が、急速に実現をみたことは、けだし当然の帰趨といえよう[108]。」

　この記述から同社の間には人的交流もあったことをはじめとして、強固な対立関係はなかったことがわかる。加えて都合のよかったことは、わが国の新聞がその発生において政党と深い関係をもっていたものが多かったにもかかわらず、両者はともにこの点において厳正中立、不偏不党を社是として標榜していたことである。

　こうして誕生した山陽中国新聞は本社を岡山に置いて、その通信局網を県下を中心に充実させるのである。

4 要　約

　銀行支店網、電灯電力供給区域の分析に続いて、新聞社通信局網を取り上げ、近代日本におけるその展開過程を分析した。分析は、全国・地方・県の3レベルで行った。

　その結果、基本的に新聞社通信局網は銀行支店網や電灯電力供給区域の場合と同じような過程を経たことを指摘できた。すなわち、①新聞社はかつては多くの都市にみられ、その通信局網を形成していたが、②次第に整理淘汰されていき、③そして、1930年代後半から1940年代初めにかけて、新聞統合という国策により原則として1県1紙にまとめられる。④その時、中心となるのは各県の県庁所在都市であり、現在の広域中心都市であって、この時の変化によってもたらされた状況が現在の基本的な基盤になっている。⑤新聞合同の実際においては、政府の命を受けた地方長官や各県の警察部長が斡旋や調停を行うなど、強い指導性を発揮していた。⑥一方、いわゆる全国紙といわれている大規模新聞の成長発展は非常に早く、その通信局網は20世紀に入った頃より充実し始め、1930年代には全国の主要都市を網羅するようになっていて、1930年代後半から1940年代にかけて、大都市に本社を置く全国紙、広域中心都市の広域紙、各県の県庁所在都市の県紙の三重の通信局網ができ上がった。

　以上のように新聞社通信局網の変遷においても、企業合同が都市勢力の盛衰に対してもつ意味はきわめて大きいこと、そしてそれを推進させた行政の指導力も重要であったことを指摘しておきたい。

　新聞社通信局網の変遷を銀行支店網、電灯電力供給区域のそれと比べてみると、微妙な差異―たとえば企業合同の進捗過程など―はあるが、基本的に類似した経緯を経たものと認めることができよう。

第5章　製造業企業の支所配置の変遷

1　資料、対象年次ならびに分析の手順

　作業の基礎資料としては、商業興信所編による『日本全国諸会社役員録』を用いた。この役員録は当時の主要企業の資本金、営業目的などとともに重要役職種の人名も記載されているが、本社所在地はもちろんのこと、支所や工場の所在地も同時に掲載されている。当時の主要企業の状況を示した資料は他にもあるが、多少の記載漏れはあるものの、この役員録が最も便利で信頼のおける資料であると思われる。

　研究対象期間は1907〜1935年であり、とくに対象とする年次は1907年、1916年、1927年、1935年である。

　対象とする企業はいずれも各年次の有力民間企業であるが、対象企業は資本金規模によって限定した。すなわち、1907年については資本金50万円以上の株式会社を、1916年については同100万円以上の株式会社を、1927年、1935年については同500万円以上の株式会社を各年次の有力企業とみなすことにする。1916年と1927年については、1907年と1935年の株式会社数に近い数を得られることを基準とした。

　なお、ここで取り上げる製造業とは食品、製紙・パルプ、化学・ゴム・窯業、鉄鋼諸機械の諸業種に含まれるものをいう。

　最初に、東京、大阪両府に本社を置く企業（以下、東京系、大阪系と称す）の支所の展開を検討し、次にその他の都市に本社を置く企業（以下、地方都市系と称す）の東京・大阪への支所の設置状況をみる。この双方を合わせて考えることにより、東京、大阪と全国の都市との製造業を通しての結合関係を分析する。そして、企業の支所配置の変化と都市のもつ重要性の変化に言及する。

新聞業の場合はその性格上、東京には必ずといっていいほど支所、すなわち通信局（支局）を有していたが、銀行の場合はそうではなかった。地方の銀行でこの当時、東京と大阪に支店を所有していたものは限られていた。では、その限られていた銀行というのは、同じ都市の有力製造業企業と行動をともにしていたのだろうか。いうなれば、ある都市の有力製造業と有力銀行は同一の行動として東京支所・大阪支所を所有しあい、企業活動を展開していたのか、あるいはそのようなことは全然関係なく、両者は別個に企業活動を展開していたのかといったことも、先の銀行支店網の分析結果を援用しながら検討する。

2　対象企業の概要

表21は対象4年次の対象企業を業種別に示したものである。繊維業が常に最多の業種である。全体に占める比率は低下していくが、（1907年50社38％→1935年79社33％）、それでもこの期間を通して、ここで取り上げた製造業のなかで最多業種であった。増加しているのは鉄鋼諸機械であり、1907年の16社（12％）から1935年には68社（29％）になっている。化学・ゴム・窯業も増加しており両業種が次第に重要になったことがわかる。

東京府と大阪府を除くその他の府県では、1907年から1935年にかけて、わずかに30社しか増えていないのに対して、この両府はともに2倍前後の増加であり、この期間の企業数の増加は両府に本社を置く企業が増加したことの反映である。

表21　対象企業の業種別構成

業種＼本社所在地	1907				1916				1927				1935			
	東京	大阪	その他	計	東京	大阪	その他	計	東京	大阪	その他	計	東京	大阪	その他	計
食品	11	1	14	26	9	2	6	17	15	1	8	24	18	1	7	26
繊維	17	11	22	50	12	13	18	43	17	15	26	58	20	18	41	79
製紙・パルプ	3		5	8	3	1	5	9	6		1	7	6	1	1	8
化学・ゴム・窯業	13	7	12	32	16	7	7	30	20	3	8	31	31	11	14	56
鉄鋼諸機械	9	2	5	16	8	6	8	22	21	13	14	48	29	14	25	68
計	53	21	58	132	48	29	44	121	79	32	57	168	104	45	88	237

東京と大阪の差異について述べると、東京に比べて大阪系企業には業種に偏りがみられる。東京と対等に存在しているのは繊維だが、化学・ゴム・窯業、鉄鋼諸機械においてはやや劣り、食品と製紙・パルプにいたっては比較にならないほど少ない。両者の特質の差異が現れている。その他の府県においては、やはり繊維が常に最も多いが、次第に鉄鋼諸機械も増加しており、全体の傾向と同じであることがわかる。この期間の企業数と業種の推移は以上の通りである。

製造業の場合は、繊維あるいは鉄鋼諸機械といっても、それぞれの内容は実に種々雑多である。例えば、繊維には紡績業もあれば織物業もあり化学繊維業もある。鉄鋼諸機械も同様である。しかし、ここではそこまで細分して分析することはせず、表21の5業種でまとめて検討することにする。

3 製造業企業の支所の展開

東京系企業の支所の展開

表22は対象4年次における東京系企業の業種別の支所数である。1907年においては、繊維の支所が断然多くて11を数えた。しかし、この11支所のうち10支所は鐘淵紡績（本社：南葛飾郡隅田村）の支所である。図21(A)(B)(C)(D)は4年次における東京系企業の支所配置であるが、1907年の状況を示した図21（A）のうち、九州地方の5支所全部と近畿地方の京都、神戸、洲本（淡路島）と大阪府の2支所が同社のものである。1907年の東京系企業の支所は鐘淵紡績を除くと、その分布は大阪府に集中していたのである。

表22 東京系製造業企業の支所の状況

	1907	1916	1927	1935
食　　　　品	3	15	30	26
繊　　　　維	11	20	29	31
製紙・パルプ	1	3	7	5
化学・ゴム・窯業	2	12	36	36
鉄鋼諸機械	2	10	30	26
計	19	60	132	124

1907年
東京

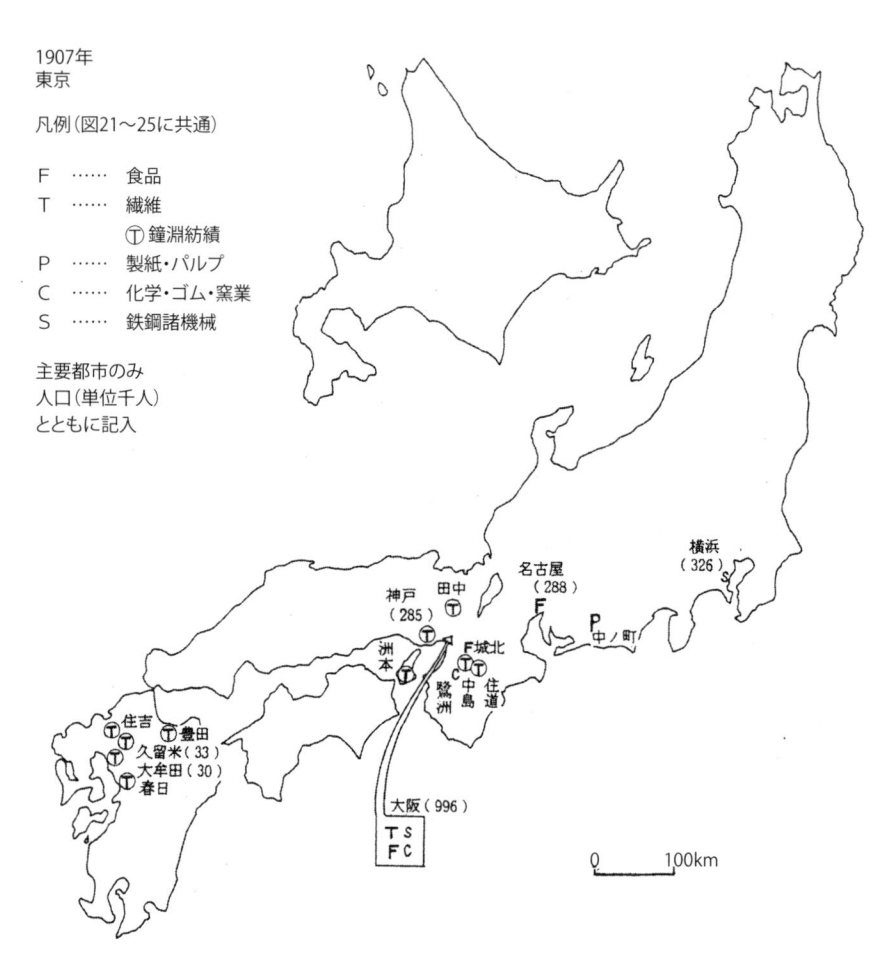

凡例(図21～25に共通)

F …… 食品
T …… 繊維
　　　　Ⓣ 鐘淵紡績
P …… 製紙・パルプ
C …… 化学・ゴム・窯業
S …… 鉄鋼諸機械

主要都市のみ
人口(単位千人)
とともに記入

図21 (A)　東京系製造業企業の支所配置 (1907年)

　1916年になると、繊維はもちろんのこと、他業種の支所も増えて全体で60支所を数えた。対象企業の数は資本金規模を高くしたこともあって、53社から48社に減少したが、支所数は大幅に増加した。この年の支所配置を図示したものが図21 (B) である。1907年と同様、大阪を中心とする近畿地方に多くの支所がみられる。また、福岡をはじめとする北九州地方や札幌にも支所配置がみられるようになったが、名古屋には食料品関係のものが2つしか

第5章　製造業企業の支所配置の変遷　　　　　　　　　　103

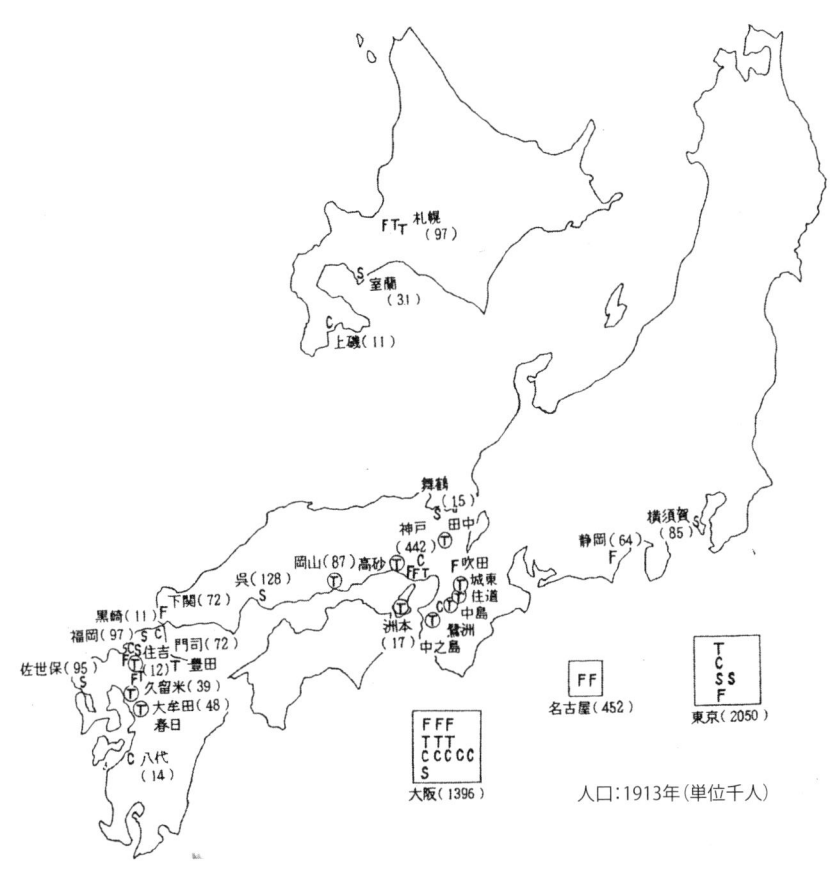

図21（B）　東京系製造業企業の支所配置（1916年）

ない[109]。

　1927年には支所数はさらに増加して132になった。1916年と比べると、5業種すべてにおいて支所数が増加したが、とくに化学・ゴム・窯業と鉄鋼諸機械の支所の増加が大きい。表21からもわかるように1916年と比べて、対象企業のなかに占めるこの業種の企業数が増えたからである。それはこの時期のわが国の産業構造の変容、すなわち軽工業から重化学工業への比重の転換とも関連していよう[110]。その支所配置は図21（C）に示されているが、この年には大阪を中心とした近畿地方における増加はもとより、名古屋での増加が顕

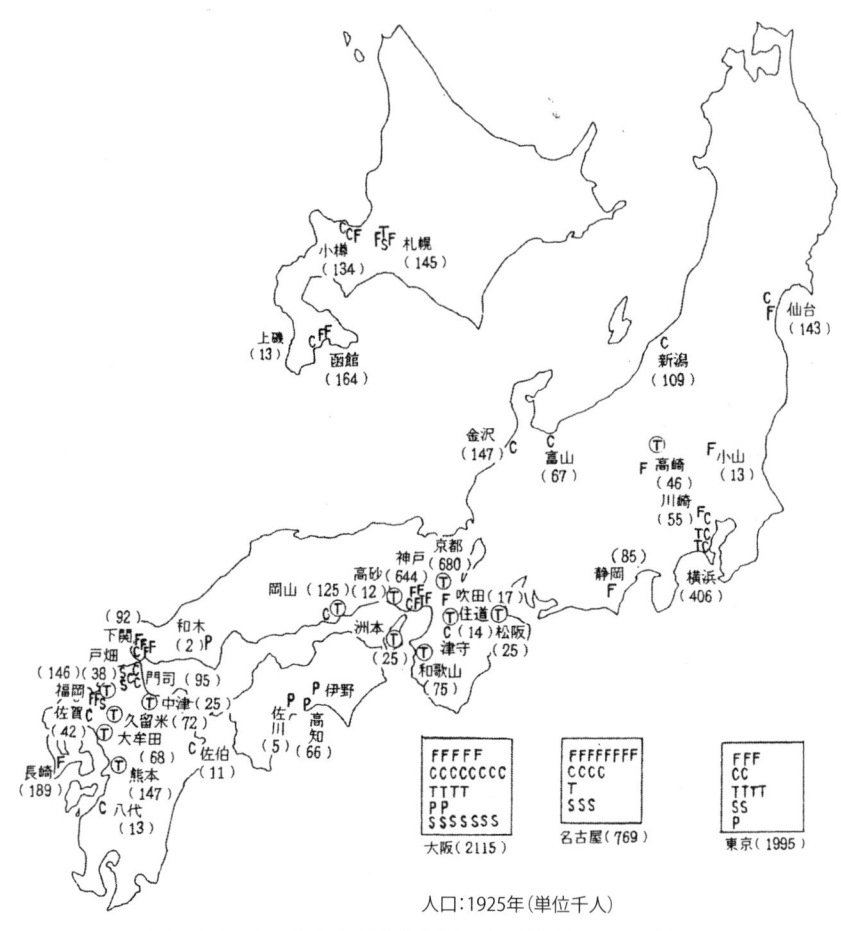

図21（C） 東京系製造業企業の支所配置（1927年）

著である。しかし、名古屋の全16支所のうち繊維は1社（日清紡績）しかなく、多くが食品の支所であって、大阪において鉄鋼諸機械の支所が多いのとは異なる。

　1935年では支所の数はやや減少した。しかし、その配置状況（図21（D））もやや変化していることに注目する必要がある。1927年までは全体的に増加するなかで、大阪、名古屋、福岡、札幌への集中がみられ始めていたが、

第5章 製造業企業の支所配置の変遷　　　　　　　105

図21（D）　東京系製造業企業の支所配置（1935年）

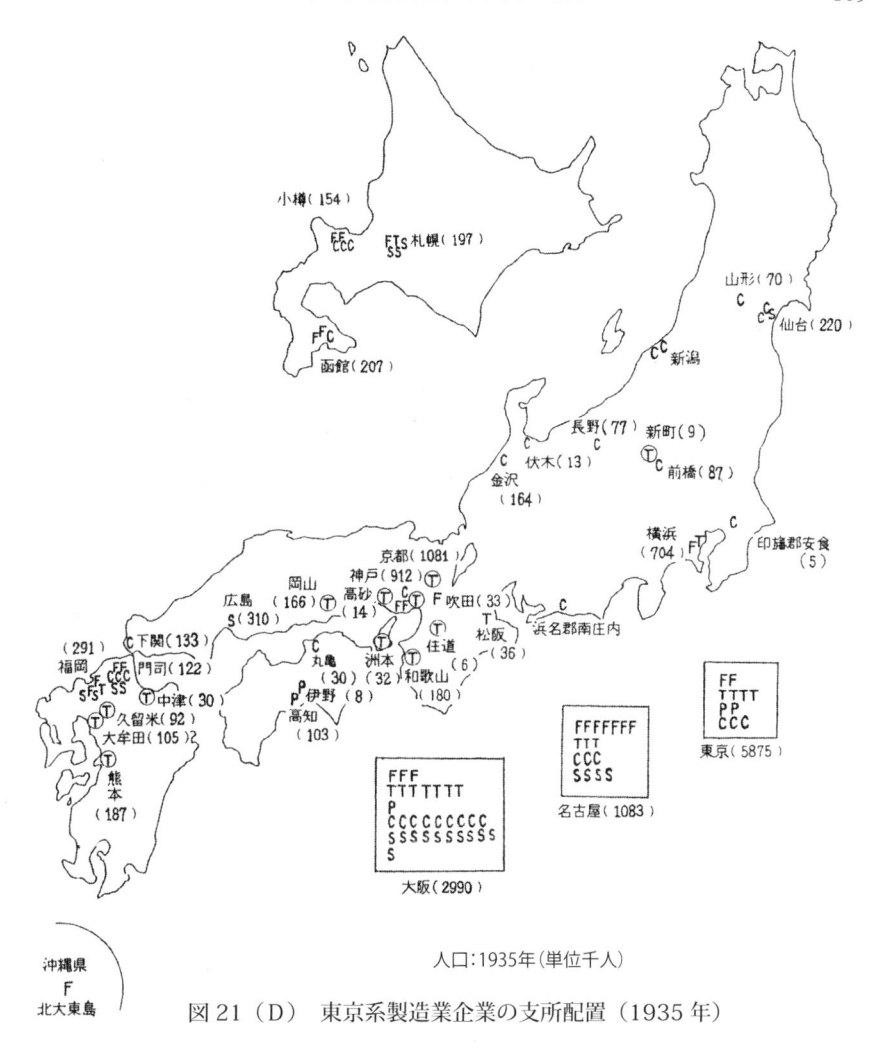

1935年にはこれらのなかでもとくに大阪、名古屋での増加が著しい。そして、札幌、仙台での支所も増加するなど、西日本地方以外でも支所の展開が目立つようになった。

　以上のように、東京系企業の支所配置は①1927年以降、化学・ゴム・窯業、鉄鋼諸機械を中心に支所が急増すること、②1916年よりその支所配置は全国

表 23（A） 株式会社数と比率の推移

年次	合計		農業		商業		工業		鉱業		運輸		水産	
1900	4,254	100.0	81	1.9	2,914	68.5	1,009	23.7			250	5.9		
1907	4,639	100.0	133	2.9	3,128	67.4	1,017	23.2			301	6.5		
1914	7,053	100.0	198	2.8	4,367	61.9	1,929	27.4			559	7.9		
1921	17,802	100.0	407	2.3	7,950	44.6	7,368	41.4	400	2.2	1,469	8.3	208	1.2
1925	17,563	100.0	360	2.0	8,098	46.1	6,893	39.2	255	1.5	1,821	10.4	136	0.8
1931	19,700	100.0	300	1.5	9,000	45.7	6,900	35.0	300	1.5	3,000	15.2	200	1.1
1935	23,300	100.0	300	1.3	10,800	46.4	8,300	35.6	500	2.1	3,200	13.7	200	0.9

表 23（B） 株式会社払込資本金比率の推移

年次	合計	農業	商業	工業	鉱業	運輸	水産
1900	100.0	0.3	48.7	18.5		32.5	
1907	100.0	1.1	49.8	34.0		15.1	
1914	100.0	1.1	43.6	42.4		12.9	
1921	100.0	1.0	39.9	41.3	7.6	9.8	0.4
1925	100.0	1.0	39.3	41.9	6.1	11.2	0.5
1931	100.0	0.8	36.0	44.2	5.9	12.4	0.7
1935	100.0	0.8	33.2	47.2	6.8	11.1	0.9

資料：(A)(B) 1900〜1925年は東京経済新報社『明治大正国勢総覧』1931年・1935年は『日本国勢図会』1914年までの鉱業は工業に含まれ、水産は農業に含まれる。

的となり、1935年には大阪、名古屋をはじめ、いわゆる各地方の主要都市に相当の集積をみるようになり、とくに大阪、名古屋の支所は急増していることを指摘できよう。

　以上のような変化の理由としては、この当時、日本の産業全体のなかに占める工業の比重が高くなったことが重要である。表23（A）（B）は1900〜1935年のわが国の産業別株式会社数と払込資本金百分比の推移である。農業と水産業についてはもとより株式会社数が少ないので問題ではないが、次第に工業の比率が高くなっていることを指摘できる。1935年でも、まだ株式会社数としては商業に及ばないが、払込資本金では1921年以降、工業が商業を上回るようになった。

表 24　工業生産高の業種別比率（職工 5 人以上）

年次	合計	紡織	金属	機械器具	窯業	化学	製材木製品	印刷製本	食料品	その他
1909	100.0	49.5		9.5		14.4			18.5	8.1
1914	100.0	46.8		13.5		15.8			16.3	7.6
1919	100.0	49.9		18.5		14.1			10.8	6.7
1921	100.0	45.2		15.8		13.3			16.1	9.6
1923	100.0	46.4	5.7	7.5	3.1	11.5	3.5	1.9	16.4	4.0
1925	100.0	48.8	6.2	7.3	2.6	11.0	2.6	2.4	15.9	3.2
1927	100.0	42.1	7.2	9.6	2.8	12.6	2.9	3.1	16.1	3.6
1931	100.0	37.2	8.6	9.3	2.8	16.0	2.9	3.4	16.1	3.7
1935	100.0	30.9	16.9	13.4	2.7	17.4	2.3	2.0	10.7	3.7

資料：通商産業大臣官房調査統計部編『工業統計 50 年史』

　表 24 は 1909 ～ 1935 年の工業生産高の業種別比率の推移であるが、金属工業、機械器具工業、窯業、化学工業の比率が次第に高くなっていることが指摘できる。
　これは、とりもなおさずこの業種の企業が増加成長したことを意味しているし、市場を開拓すべく、各企業が支所を配置していったのである。そのとき、重要視されたのが、大阪であり、名古屋であり、次いで各地方の広域中心都市であった。企業が本社を東京に移転させたという動向とも無関係ではない（阿部『日本の都市体系研究』2000）。

大阪系企業の支所の展開

　表 25 は対象 4 年次における大阪系企業の業種別の支所数である。東京系企業のように、1916 年から 1927 年にかけて支所数が急激に増加したというよ

表 25　大阪系製造業企業の支所の状況

	1907	1916	1927	1935
食　　　　品	0	9	3	0
繊　　　　維	7	13	20	18
製紙・パルプ	0	2	0	0
化学・ゴム・窯業	0	2	0	10
鉄鋼諸機械	0	4	15	31
計	7	30	38	59

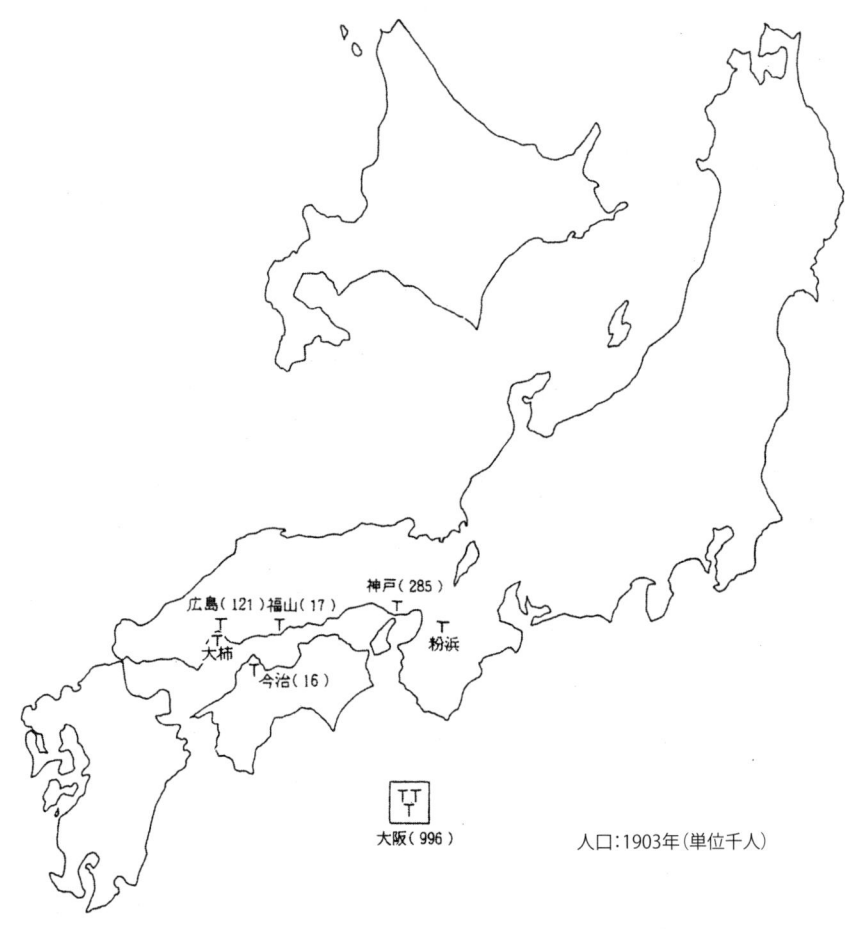

図22 (A) 大阪系製造業企業の支所配置（1907年）

うなことはない。むしろ、変化としては1907年から1916年にかけてのほうが大きい。

　1907年では大阪系企業の支所は繊維業にしかみられなかったが、1916年になるとその繊維業を筆頭に支所数は大きく増加した。表21からもわかるように、この期間の大阪系企業数は21から29に増加したに過ぎない。したがって、この増加は1企業あたりの支所数が増加したことを意味している。図22（A）は1907年における大阪系企業の支所配置の状況を示したものである

第 5 章 製造業企業の支所配置の変遷　　　　109

図 22（B）　大阪系製造業企業の支所配置（1916 年）

が、既述したように、この年の大阪系企業の支所は繊維業だけであり、しかも大阪周辺と瀬戸内地方にしかみられない。大阪市を含む大阪府に 4、神戸、福山、広島、能美（大柿）、今治に各 1 であるが、これらは福島紡績、内外綿、大阪合同紡績の支所である。この年においては大阪系企業の支所配置はきわめて限られたものであった。

　図 22（B）は 1916 年の状況を示したものである。1916 年の状況の重要な点は東京支所が出現していることである[111]。しかし、支所の分布は 1907

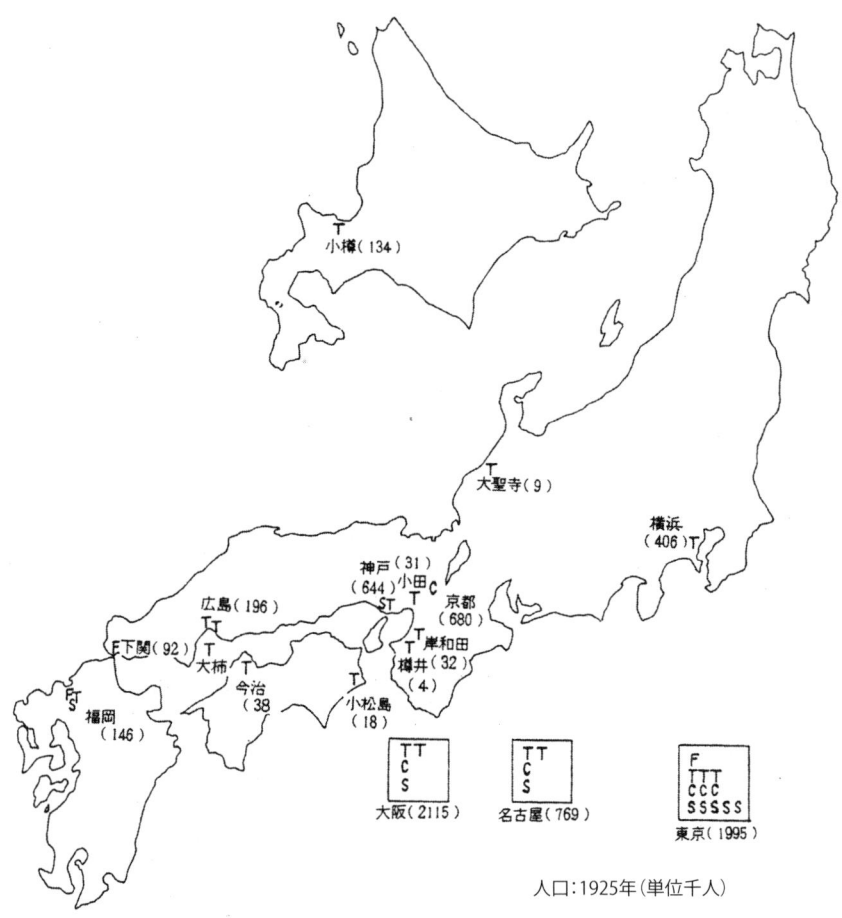

図22（C） 大阪系製造業企業の支所配置（1927年）

年のときと同様、西日本地方それも瀬戸内地方に多い。そして、ほとんど繊維業の支所である。9つを数えた食品の支所のうち8支所は内外水産のものだが、北海道、東北地方の2支所、串本、京都府加佐と長崎県の3支所がそれである。

　1927年以降になると、東京系企業の場合と同様に、化学・ゴム・窯業、鉄鋼諸機械の支所が増加したことが注目される。鉄鋼諸機械の企業数はこの4年次にそれぞれ、2、6、13、14であるから（表21）、とくに1927〜1935年の支所数の増加は著しいといえよう。図22（C）は1927年の状況を示し

第5章　製造業企業の支所配置の変遷　　　　　　　　　　111

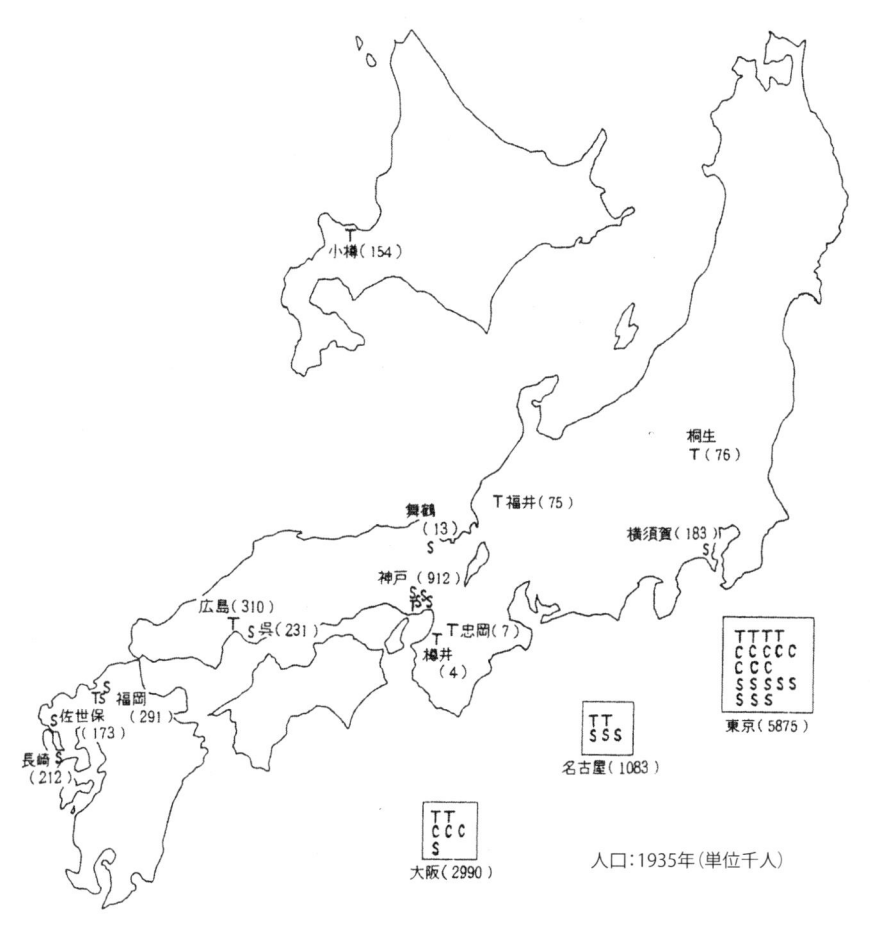

図22（D）　大阪系製造業企業の支所配置（1935年）

たものである。この年には東京支所の増加はわずかに3つで、鉄鋼諸機械の支所が増えている。名古屋と福岡に大阪系企業の支所が出現したこともこの年の大きな変化である[112]。しかし、小樽の1支所（福助足袋）を除くと、東京を除く東日本地方における大阪系企業の支所展開は依然としてみられない。

　1935年の状況は（図22（D））基本的に1927年の状況と同じである。東京、名古屋、神戸、そしてやや少ないが福岡といった諸都市に支所の集積が多い。とくに、東京における支所は1907年0、1916年5、1927年12、1935

年20と増加してきており、次第に大阪系企業が東京を重視してきたことがわかる。

以上のように、大阪系企業の支所配置は次第に広範囲になってはいくが、①その業種は当初は圧倒的に繊維関係が多く、やがて鉄鋼諸機械の支所が増加して逆転すること、②その支所配置はこの期間を通じて西日本地方の諸都市に多かったこと、③東京支所は鉄鋼諸機械を中心に1927年から急増すること、④名古屋支所は1927年になってはじめて登場すること、といった諸点が指摘されよう。

以上のような変化の理由としては、基本的には東京系企業の支所配置のところで指摘した理由があてはまる。しかし、大阪は1930年代まで道府県単位では日本最大の工業生産高を示していた。なかでも紡績工業は常に日本全体の15％前後の生産額であった[113]。大阪系企業の支所に繊維業が多いのはそのことと関連している。同時に次項で触れることになるが、地方都市系企業の大阪支所に繊維業が多いのも同じ理由である。

やがて、大阪府においても金属工業、機械器具工業の生産高が一層多くなり[114]、東京の場合と同様、この業種の企業が増加・成長し、支所配置を積極的に展開していったのである。

それでも大阪系企業の支所配置が基本的に西日本地方中心であったことは、当時、東京以北の東北日本地方の工業が低調だったこと、同地方が市場としての魅力が乏しかったことから当然のことであったとはいえ、現在、多くの指標において指摘されている、東京の支配影響力の全国性、大阪の西日本性の一端が示されているといえよう。

地方都市系企業の東京支所・大阪支所の設置状況

次に、東京、大阪以外の都市に本社を置く製造業企業が東京、大阪両市にどの程度支所を出していたのかということを検討する。この期間を通して、絶対数がそれほど多くはないので、1916年と1935年の2年次についてみることにする。

表26は両年次における地方都市系企業の東京支所と大阪支所の業種別の状況である。1916年段階においては、両市の業種にそれほどの差異はないが、

第5章 製造業企業の支所配置の変遷　　　　113

凡例

F…食品
T…繊維
P…製紙・パルプ
C…化学・ゴム・窯業
S…鉄鋼諸機械

S 新潟鉄工
T 山俣毛織
T 上毛モスリン
東京電気
横浜電綿製造
中央板紙 P
外村商店
旭硝子 T　東洋紡績
尼崎紡績 TS　日本毛織 T
　　　　　　TC 川崎造船
帝国ビール F　東洋製氷
戸畑鋳物 SF
小倉製紙 P
土佐セメント C

図23（A）　東京支所を所有していた地方都市系企業の分布（1916年）

表26　東京支所・大阪支所を所有していた地方都市系企業の業種別状況

	1916		1935	
	東京	大阪	東京	大阪
食　　　　品	2	3	5	3
繊　　　　維	6	6	3	18
製紙・パルプ	2	1	2	1
化学・ゴム・窯業	2	1	2	5
鉄鋼諸機械	5	4	14	6
計	17	15	26	33

114　　　　　　　　　　　近代日本の都市体系研究

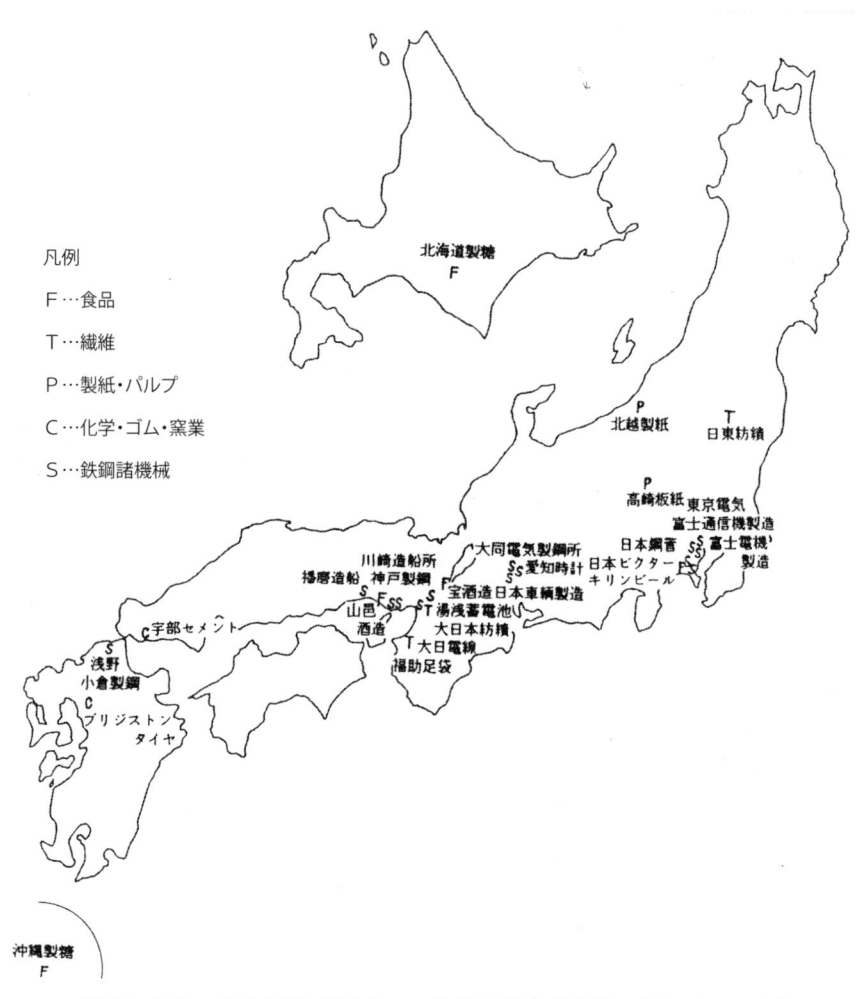

凡例
F…食品
T…繊維
P…製紙・パルプ
C…化学・ゴム・窯業
S…鉄鋼諸機械

図23（B）　東京支所を所有していた地方都市系企業の分布（1935年）

　1935年では明らかな違いが出ている。すなわち、大阪の支所には繊維のそれが多く、東京の支所には鉄鋼諸機械のものが多くなっていることである。
　図23（A）（B）（C）（D）は両市に支所を出していた企業本社の所在地である。この4枚の図をみると、①両市とも北海道製糖、日東紡績以外には、両年次とも北海道と東北地方の企業の支所はみられない。新潟県や北関東諸県まで範

第5章 製造業企業の支所配置の変遷　　　　　　　115

凡例
F…食品
T…繊維
P…製紙・パルプ
C…化学・ゴム・窯業
S…鉄鋼諸機械

上毛モスリン
T

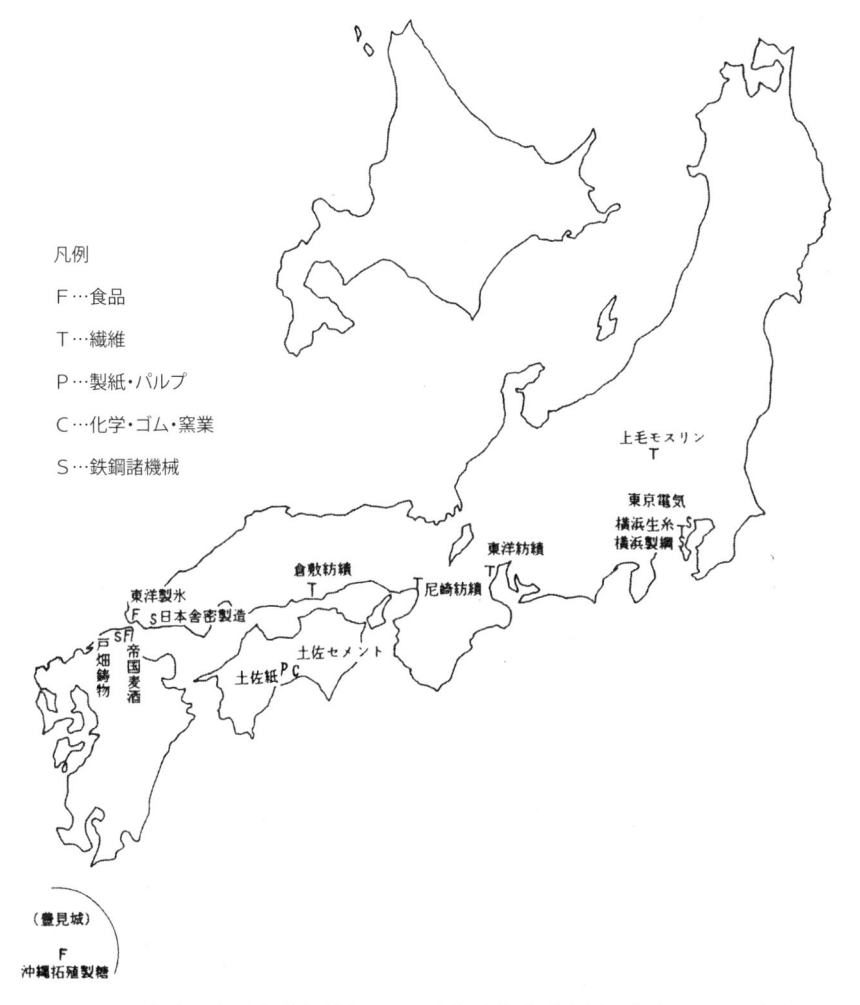

東京電気
横浜生糸　S
横浜製鋼

倉敷紡績　　　東洋紡績
T　　　　　　T
尼崎紡績

東洋製氷
F S 日本舎密製造
戸畑鋳物　S F
帝国麦酒　　土佐セメント
土佐紙　P C

（豊見城）
F
沖縄拓殖製糖

図23（C）　大阪支所を所有していた地方都市系企業の分布（1916年）

囲を広げても、新潟鉄工、北越製紙、上毛モスリン、高崎製紙など数社が加わるだけである。このように、東日本地方の企業の支所はきわめて少ないが、それはもともと東日本地方には西日本地方に比べて有力な製造業企業が少ないことも一因である。②東京には中国・四国地方の企業の支所は少ないが、大阪にはこれらの地方の企業の支所が多い。しかも、1935年においてはこの地方の

図23（D） 大阪支所を所有していた地方都市系企業の分布（1935年）

繊維業の支所が多く、大阪の繊維業の支所の本社所在地は西日本のこの地方に多いことがわかる。かといって、東京支所の本社所在地がこの当時全国的であったというわけではない。大阪に比べてやや東日本地方の企業が多いとはいえるが、中国・四国地方の企業の支所はほとんどみられないという結果であった。

支所の性格と支所配置都市の性格

これまでの検討によって、近代日本における東京系・大阪系企業の支所展開

の推移は把握できた。これまでの検討は企業サイドのみからみたものであるが、ここで支所が配置された都市の性格や特性をも考慮に入れて、製造業企業の支所の展開を分析する。というのは、これまでの分析から、この期間中に企業の支所配置の性格が変化したことが推測されるからである。例えば、その分布状況をみても、現在の企業の支所配置とはかなり異なっていると思われる点がある。具体的にいえば、現在においては各製造企業の支所というのは営業活動が主で、その任務は市場の開拓、確保である。ということは、支所配置もそういった活動を最も効率的に行うように展開される。既に述べたように、そのことが現在3大都市と広域中心都市に多くの支所が集積している理由である。

ところが、これまでの検討では、少なくとも本章の対象期間の前半の1907年と1916年においては、支所というものが都市を重視するという視点で設置されているとは考えにくく、別の要因によって設置されていることを予測させる。そこで、この4年次を前半の2年次と後半の2年次に分けて、早い時期の製造業の支所配置は現在とはその性格、役割が異なっていたということを明らかにしたうえで、やがて次第に各企業は支所の配置を地域の中心都市重視型に変えてきたのではないか、という点を追求したい。そのことは各企業の都市というものに対する評価の推移を検討することにもなる。

図21と図22の8枚の図はこの4年次における東京系・大阪系企業の支所配置を示したものであるが、この図をみると、支所の所在する都市は大阪はもちろんのこととして、名古屋、神戸、横浜といった相当の人口を擁する都市と人口規模のそれほど大きくない都市との2グループに大別できることがわかる。

図中のTの記号は繊維業の支所所在地であるが、そのうち㋐は鐘淵紡績の支所である。門司、上磯、八代は浅野セメント（前2者）と日本セメント（後者）の支所であり、いずれもセメント工場があった。Fは漁業会社の支所で、長崎と下関は共同漁業の支所、他は内外水産の支所である。これらFの都市に工場があったかどうかは未確認であるが、その所在地からみて現業的な役割を果たす支所ではなかったかと推測される。鉄鋼諸機械Sの支所のうち室蘭、呉、横須賀、佐世保、舞鶴は日本製鋼所の支所である。室蘭は同社の創業以来の本社（1915年に東京に移転）と工場の所在地であり、呉以下の諸都市はいずれも

海軍鎮守府所在地であった。同社はもともと軍と密接な関係をもっていた企業であるが、これらの支所も広い市場を対象としたものではなく、その都市固有の産業や施設にのみ照準を当てていたものであると思われる。小山と高崎は日本製粉の支所であり、高知、伊野、佐川、和木は日本紙業の支所である。佐世保、舞鶴、長崎のSは住友伸銅鋼、呉、横須賀のSは住友電線の支所である。いずれも造船工業あるいは海軍鎮守府の存在との関係であろうと思われる。

このように、東京系企業にしろ大阪系企業にしろ、この4年次の支所配置における特徴は第1に、前半の2年次では、支所の相当多くが工場や生産現場と同一あるいは隣接した場所に置かれていたこと、したがって、それらは市場との関係というよりは、工場との諸連絡などのほうを主たる業務としていたのではないかということが推測される。もちろん、製造業の場合、とくに鉄鋼諸機械においては、消費財を主として生産する企業と生産財を主として生産する企業とでは、経営も戦略も異なる。しかし、概してこの当時は工場や生産現場に支所の配置が接近していたといえよう。

第2は、第1の点を継続させつつも、次第に県庁所在都市以上の主要都市に支所が増えていくことである。

この2点をまとめてみると、早い時期におけるわが国の製造業の支所配置は主要都市に少なく、生産の現場と密接な関係をもつものが多くあったが、次第に各地域の主要都市にその配置の比重が移っていったことがわかる。そのことは企業支所の性格と役割の変貌を示すと同時に、各地域における主要都市の戦略上の重要性の増大と、そして各企業がそのことを評価しはじめていたことを示していることにもなろう。

次の資料は『鐘紡製糸四十年史』にみられる記述であるが、上記の第1の点の証明となると思われるので、やや長いが引用したい。

「当時の営業部と工場間の関係は現在と相当異なるところがあるので、参考までに記しておく。

大正10年創設当時から昭和の初年ごろの各製糸工場における事務的職務として、まず日報の作成があった。

一日の繰糸時間、人員、原料繭使用量（ロット別産地、種別、切歩）、生糸出来高、

一人当たり繰糸量、糸歩、目的繊度、平均繊度、工場糸格などを取りまとめ毎日の操業状態を日報として営業部に報告した。また毎週一回その期間中に繰糸した生糸のなかから任意の五綛(かせ)を採り、何月度第何週品として営業部に送付し、週品検査を受け、その成績は直ちに工場操業に反映させて改善の資料とした（中略）。

営業部においては工場からの報告を文書係で受理し、社長、重役、製糸係、生糸係と回覧、最後に調査係で各工場を項目毎に比較調査し、その成績上位の工場から列記表示して、これに営業部の意見を付記して、社長名により各工場に送付した。この工場成績比較表は、各工場においては他工場にくらべ長所短所を検討する資料となり、新月度の操業方針立案の有力な参考資料となって、毎月発表が待望されたものである。

なお、春秋二期の原料仕入れ期においては、各工場は買い付け、入荷、乾繭、貯繭を日報をもって営業部に報告するほか、当時は生繭の現物取引が主であったから、毎月数回電話または電報をもって地方の生繭出回り数量、繭の品質とくに解舒の良否、繭価、主たる買い方などを報告した。一方営業部からは全国各地より集まるニュースバリューのある参考資料を各工場に伝達した。このように原料取り入れには万全の努力が払われていた。

以上のように書類による工場営業部相互間の連絡のほか、随時、工場主任、工務主任、庶務、計算、人事、倉庫等の係主任は営業部に招集され、営業部、工場両者の意見を交換、あるいは討議した。また両者間で、現下の蚕糸業の経済的、政治的情勢、これに対処する経営者としての心構え、あるいは各地の地方色を生かしていかに経営すべきかなど種々の問題を挙げて討議した。営業部と工場間の緊密度はこれによって一段と強められた[115)]。」

一口に製造業といってもその内容や業態は業種によって、あるいは各企業によって異なるものであり、安易に同一視できないことは承知している。しかし、ただ一社の例ではあるが、以上の引用は当時の支所が工場との連絡あるいは原料の調達を主たる任務としていたことを充分にうかがわせるものであろう。

4 製造業企業の支所配置と銀行支店網との比較

東京系・大阪系企業の場合

ここで、東京と大阪に本社を置く製造業企業の支所配置と両市に本社を置く銀行の支所配置との異同について検討する。

製造業と銀行業ではその支所配置は当然同じではない。前者はこれまでみてきたように、基本的に各地方の主要都市に支所を配して広いテリトリーを管轄しようとするか、あるいはとくに結びつきの強い産業や施設あるいは自社工場の所在地に立地する。これに対して、後者は広いテリトリーを管轄することが支所配置の目的ではなく、市域あるいはせいぜい市域に隣接する範囲をその主たる活動範囲とする。また、前者は一般市民の消費活動には無縁であるが、後者は一般市民と緊密に接触することによって営業の実を上げる。

製造業企業と銀行の支所配置の仕方のこのような差異というものを認識した上で、両者を比較検討することの意味は、性格が異なる両者を総合することによって、広い視野から東京、大阪両市のこの当時の都市機能の展開を判定することに求められよう。

図24（A）（B）（C）（D）は1916年と1935年における東京系・大阪系の製造業企業と銀行の支所配置を重ね合わせたものである。この4枚の図を比較して、第1に指摘できることは、両業種とも大阪系企業の支所配置は西日本地方、それも厳密には近畿地方から瀬戸内海を経て九州北部に至る範囲に集中しているということであろう。細かい点—1916年においては九州地方に銀行支所が多いことや1935年においては四国地方には銀行支所しかないこと—を除けば、このことは両年次に共通している。

第2点として、両業種の東京系企業の支所配置をみると、1916年においては銀行のそれは全国的に展開し始めているが、製造業はそれほどでもないこと、しかし、1935年になると、ともに全国的な支所配置状況を呈するようになっていることが指摘される。

以上のことから、やや時間的なずれはあるものの、どうやらこの時期における両都市系企業の支所配置は両業種ともに、東京—全国、大阪—西日本地方という共通の活動範囲をもつようになってきていたことが指摘できる。ただし、

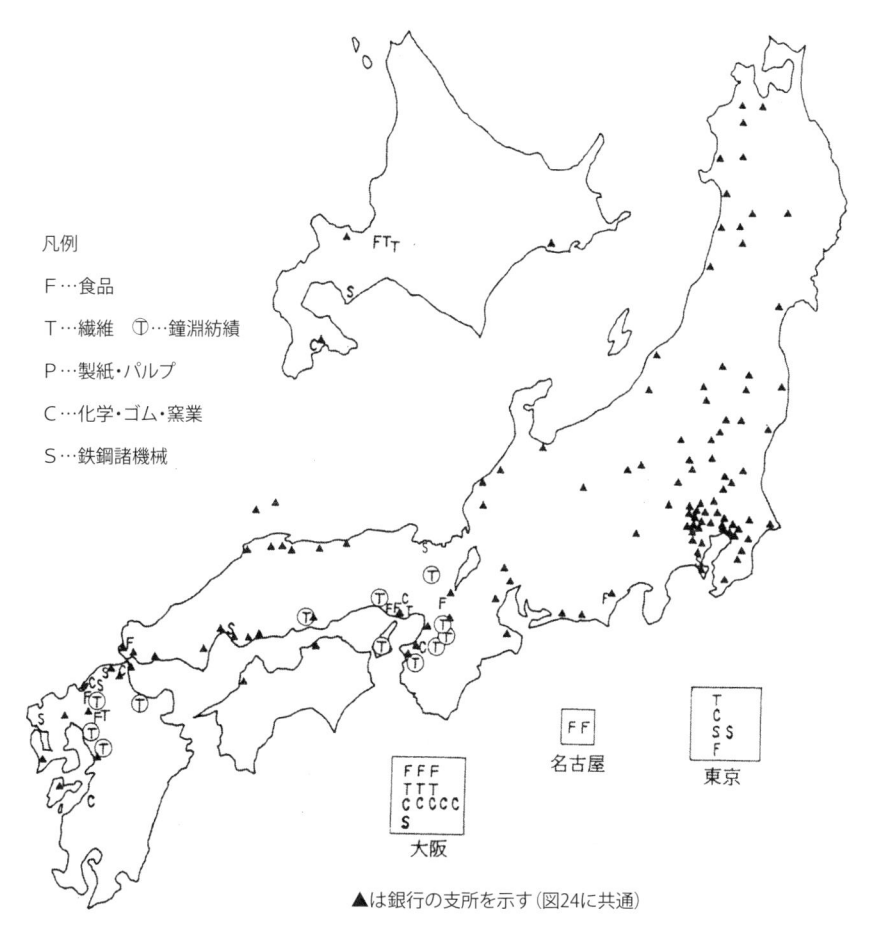

第5章　製造業企業の支所配置の変遷　　121

凡例
F…食品
T…繊維　Ⓣ…鐘淵紡績
P…製紙・パルプ
C…化学・ゴム・窯業
S…鉄鋼諸機械

▲は銀行の支所を示す（図24に共通）

図24（A）　東京系製造業企業と銀行の支所配置（1916年）

両業種の支所が同一都市にみられたからといって、製造業企業と銀行が相互に密接な関係をもって支所を配置させていたということではない。

地方都市系企業の場合—とくに東京支所・大阪支所の設置状況について—

次に、両業種の地方都市系企業の東京支所と大阪支所の設置状況を比較検討する。この当時の地方都市の製造業企業は、東京、大阪以外にそれほど多くの支所をもっていたわけではない。そこで、この両市以外の支所については視野

凡例

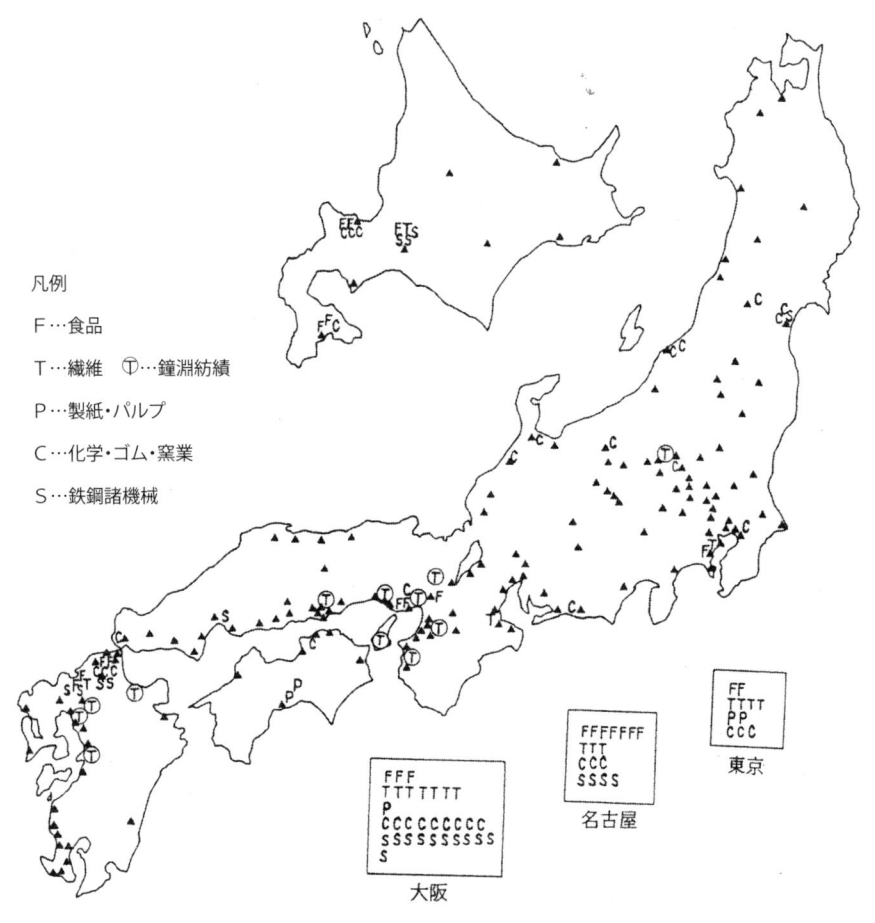

F…食品
T…繊維　Ⓣ…鐘淵紡績
P…製紙・パルプ
C…化学・ゴム・窯業
S…鉄鋼諸機械

```
FF
TTTT
PP
CCC
```
東京

```
FFFFFF
TTT
CCC
SSSS
```
名古屋

```
FFF
TTTTTT
P
CCCCCCCC
SSSSSSSSS
S
```
大阪

図24（B）　東京系製造業企業と銀行の支所配置（1935年）

から外し、この両市をめぐる状況についてのみ焦点を絞りたいと思う。

　この比較検討において重要な点は、1）マクロ的にみて両市に支所を出している製造業企業と銀行の本社所在地の分布が一致するかどうかということと、2）地方都市系企業の両市の支所というのが、相互に関係しあっているのかどうかということである。より具体的にいえば、地方のある製造業企業が東京支所を設置するときに、同地方の銀行もその活動を援助するように、あるいはその活動と連動して東京支所を設置するかどうか、ということである。

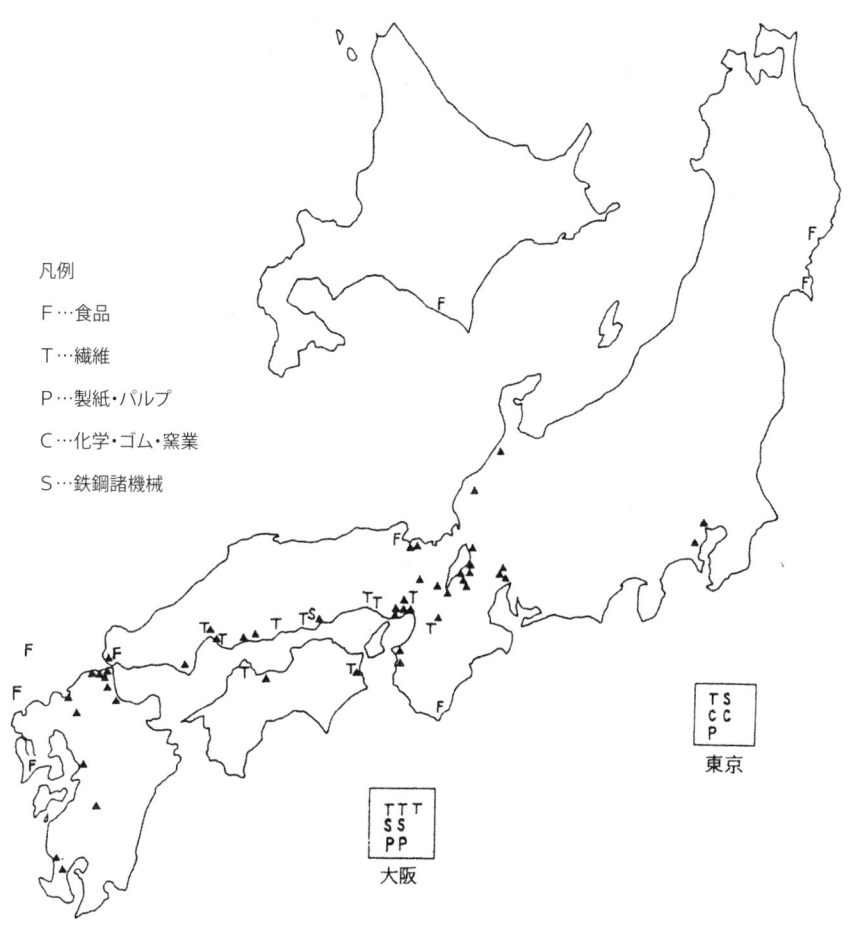

第5章　製造業企業の支所配置の変遷　　　　　　　　　　123

図24（C）　東京系製造業企業と銀行の支所配置（1916年）

　地方銀行の両市への支所配置については、既に本書第2章で検討し、近代日本の時期においては、①東京への支所配置は、大阪ほか数県の銀行を除いては愛知県以東の銀行に限られていたこと、②反対に、大阪支所を所有していた銀行の本社所在地は、東京府と神奈川県を除いては富山、岐阜、愛知県以西の都市に限られていたこと、③しかも、その支所所有は連続性に乏しく、地方銀行にとって大阪支店を維持していくことは困難であったこと、④ましてや東京にまで西日本地方の銀行が支店を出し、それを維持することは大変困難であっ

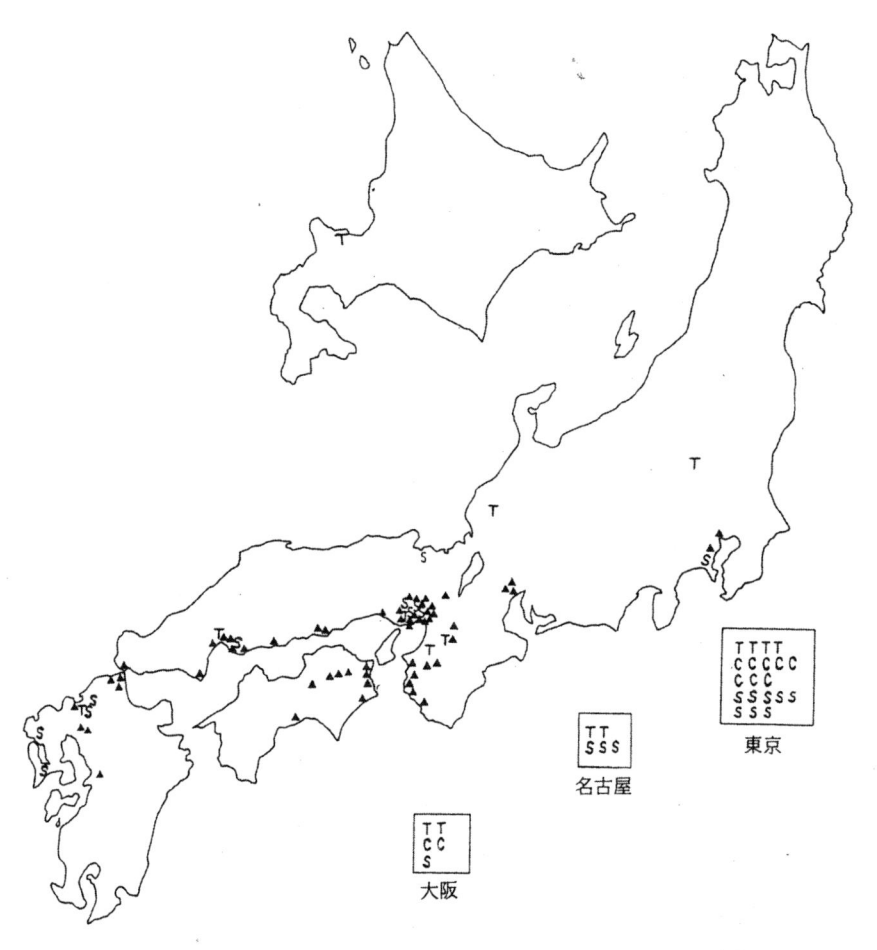

図 24（D） 大阪系製造業企業と銀行の支所配置（1935 年）

たことを指摘した。

　図 25（A）（B）（C）（D）は 1916 年と 1935 年について、両市に支所をもつ両業種の本社所在地を示したものである。表 26 に示したように、1916 年において東京支所を有する地方製造業企業は 17 社（大阪市のものは除く）であったが、それは本社所在都市数でいえば 15 都市である。1935 年では 26 社で同 18 都市である。大阪市については、1916 年において 15 社 14 都市であり、1935 年では 33 社 27 都市である。

第5章　製造業企業の支所配置の変遷　　　　　　　　　　　125

凡例
F…食品
T…繊維
P…製紙・パルプ
C…化学・ゴム・窯業
S…鉄鋼諸機械

▲は銀行の本社を示す（図25に共通）

図25（A）　東京支所を所有していた地方都市系製造業企業と
　　　　　銀行の本社所在地の分布（1916年）

　2年次の状況を示した4枚の図から次のことを指摘できよう。①両市に支所を所有する企業の本社所在地は巨視的なレベルでは一致する。つまり、基本的に東京のそれは中部日本以東に多く、大阪のそれは西日本地方に多いということである。②しかし、この時期、両市へ支所を出している製造業企業と銀行の本社所在地は基本的に一致しない。この頃東京、大阪をはじめとして、日本の

凡例
F…食品
T…繊維
P…製紙・パルプ
C…化学・ゴム・窯業
S…鉄鋼諸機械

図25（B） 東京支所を所有していた地方都市系製造業企業と
銀行の本社所在地の分布（1935年）

　主要都市における民間大企業の本社、支所は大きく増加した。しかし、地方の製造業企業と銀行の東京、大阪両支所の設置行動というのは一致しなかったといえる。
　このことを具体的にみてみよう。1935年においては、西日本地方を中心に大阪へ支所を出した製造業企業が増加した。しかし、大阪支所を所有する銀行が増加したということはない。富山（十二銀行）、高岡（高岡銀行）、敦賀（大

第5章　製造業企業の支所配置の変遷　　　　　　　　　　127

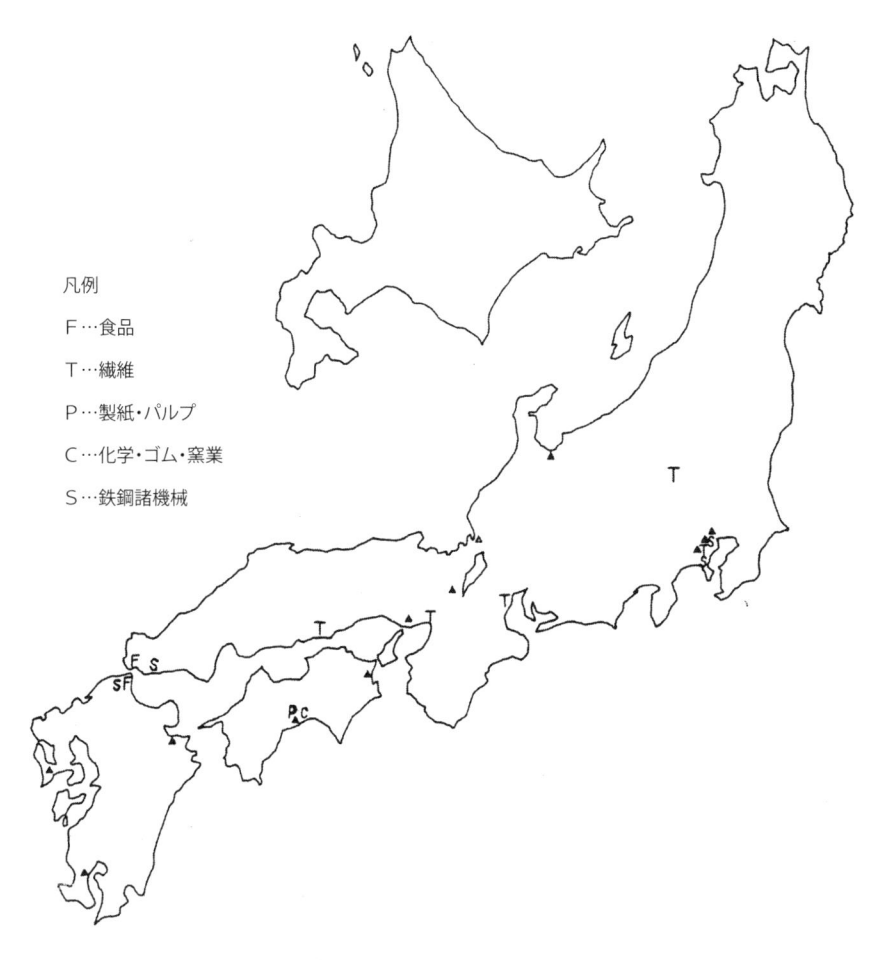

凡例
F…食品
T…繊維
P…製紙・パルプ
C…化学・ゴム・窯業
S…鉄鋼諸機械

図25（C）　大阪支所を所有していた地方都市系製造業企業と
銀行の本社所在地の分布（1916年）

和田貯蓄銀行、大和田銀行）、徳島（阿波商業銀行）、鹿児島（第百四十七銀行）の諸都市のうち、高岡銀行を除く銀行は1916年においても大阪支所を所有していたが、他都市はこの両年次で、本章で対象とした資本金規模の製造業企業の大阪支所を所有していない。というより、これらの都市には製造業の大企業がこの時期存在していないのである。

このことは東京支所についても同様である。1916年と1935年の2年次

128

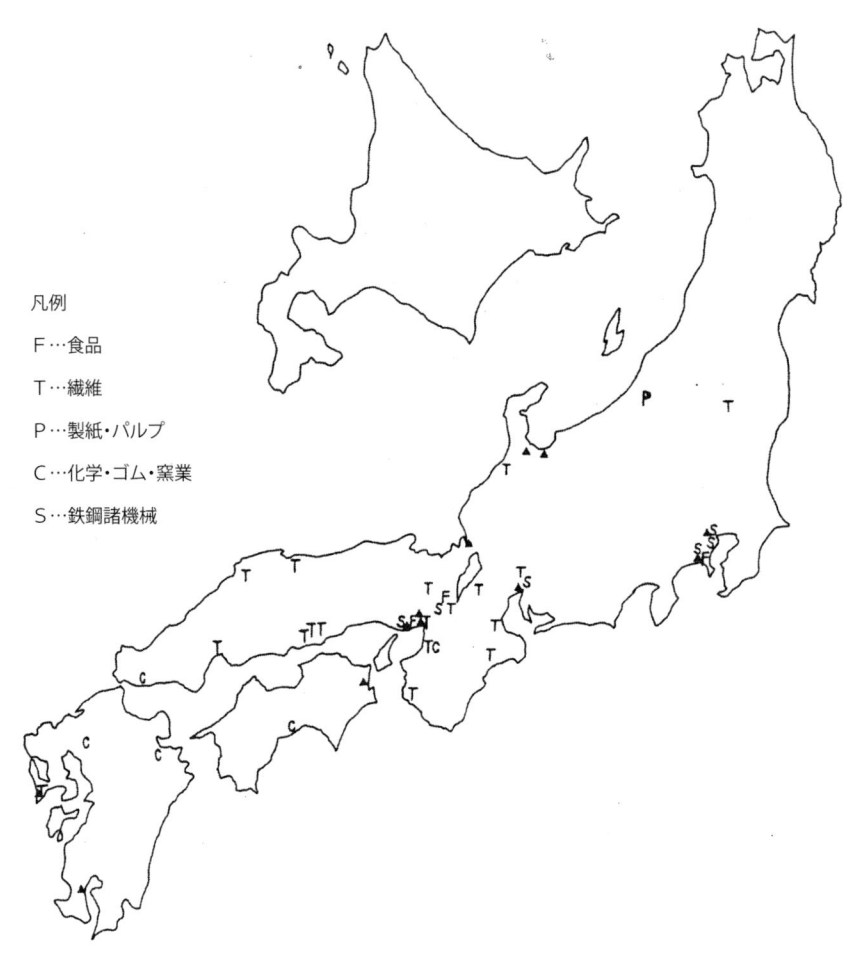

凡例
F…食品
T…繊維
P…製紙・パルプ
C…化学・ゴム・窯業
S…鉄鋼諸機械

図25（D） 大阪支所を所有していた地方都市系製造業企業と
銀行の本社所在地の分布（1935年）

において、東京支所を有する銀行と製造業企業を両方とももっていたのは、大阪、横浜、川崎、新潟、桐生ぐらいである。その他の都市は長崎を除くと、有力銀行はあっても有力製造業企業などは存在しない。したがって正確にいえば、ある都市の銀行が東京、大阪支所を出していても、その都市の製造業企業の東京支所がないのは、設置していないのではなく、ほとんどの場合同じ都市に有

力製造業企業というものがなかったからといえよう。両年次の図をみると、逆に両市に支所を有する製造業企業の本社が存在する都市において、必ずしも両市に支所を有する銀行がないこともわかる。

5 要　約

　以上、1907～1935 年における製造業企業の支所配置について東京と大阪を中心に検討してきた。これまで同様の分析を銀行支店網、電灯電力供給区域、新聞社通信局網について行ってきた。製造業企業の支所配置の分析もこれらの研究と軌を一にするものである。冒頭でも触れたように、一口に製造業といっても、それは銀行、電力会社、新聞社のように単一の業種ではなく、そのなかに様々な業種を含んでいる。ここでは製造業全体として大きな動向を把握し、これまでの諸結果と総合することによって、近代日本における都市機能の展開について考察した。

　分析の結果は以下のようにまとめられよう。

　①この時期、わが国の製造業企業は順調に増加したが、業種的には繊維業が最も多かった。しかし、この時期のわが国の産業構造の変容[116]を反映して、次第に鉄鋼諸機械の企業も増加した。増加した企業の本社所在地をみれば、東京・大阪に多く、この期間の企業数の増加の相当数はこの両府におけるものであった。②これら企業の支所の配置状況をみると、ⅰ）東京系企業のそれは 1927 年以降、化学・ゴム・窯業、鉄鋼諸機械を中心に支所が急増し、1916 年以降その配置は全国にわたるようになり、1935 年には大阪、名古屋をはじめとする主要都市に相当の集積をみるようになる。ⅱ）一方、大阪系企業の支所配置は、業種をみると、当初は繊維部門が圧倒的に多かったが、やがて鉄鋼諸機械の支所のほうが多くなる。1927 年から東京、名古屋をはじめとして鉄鋼諸機械を中心に支所が増加するが、その分布は基本的に西日本地方に限られている。③この時期の支所は、その初期においては生産の現場と密接な関係をもつものが多かったが、次第に各地域の主要な都市に多くの集積をみるようになる。④地方都市系企業の東京支所、大阪支所の所有状況をみると、次第に東京には鉄鋼諸機械の支所が多くなり、大阪には繊維の支所が多くなって、両市

の性格の相違を反映している。その本社所在地の分布をみると、大阪支所の本社分布は中国、四国地方を中心に西日本地方に多いが、東京支所の本社分布はどちらかといえば東日本地方に多くみられた。しかし、東京支所の本社所在地も全国的に分布しているというほどではない。またそれは東京以北の地方には、この当時有力な製造業企業が少なかったことも一因であると思われる。⑤製造業企業の支所配置と銀行支店網との異同について分析した結果、両者の配置は東京―全国、大阪―西日本という関係については基本的に一致した。しかし、都市レベルでみると両者の支所配置は一致しないことが指摘される。

第6章　結　論

　銀行、電力会社、新聞社、製造業企業を取り上げて、第二次世界大戦までを対象として、それぞれ銀行支店網、電灯電力供給区域、新聞社通信局網、支所配置の変遷を検討した。ここでまとめを行いたい。

　上記の4業種を取り上げたのは、これらが重要な業種であると同時に企業の成長と再編成が都市や空間にどのように反映するかということを検討するのに好都合だったからである。各業種の分析結果については、それぞれ要約を記したので、ここでは総合的に重要な点を整理する。

　第1点として、社会経済情勢の変化や国策によって再編成や支所の配置整理の必要性に迫られた各企業は、より大きな都市へその拠点を移すようになっていった。これは、銀行、電力会社、新聞社において顕著であり、そのことが県庁所在都市以上のレベルの都市へ機能が集中していった大きな理由であった。

　第2点として、銀行、電灯電力会社、新聞社においては基本的に類似した変遷がみられた。それは草創期→発展期→整理期という過程を同じように辿ったことである。発展期には、これらの機能は各都市に広まっていったが、整理期には各地方、各県の有力都市、すなわち県庁所在地や地方の拠点的な都市へと各機能（を担う企業）は集中していき、現在につながる大きな枠組みができ上がっていったことを指摘できた。

　第3点として、製造業企業の問題がある。製造業企業の支所配置の変遷は銀行支店網、電灯電力供給区域、新聞社通信局網の変遷とは趣を異にするが、それは業態の違いによるものであって、本質的な点は同じである。つまり、製造業企業は1920年代後半以降、各地の主要都市への配置という傾向を明確にもつようになる。それは取引や情報の入手という点において、各地の主要都市の重要性が高まったことを各企業が評価しはじめたことによるものであり、そ

れがまた多くの都市機能を吸引する役割を果たした。各地の主要都市、とくに県庁所在都市以上の都市では各種の経済的中枢管理機能の集中、政府機関に代表される行政機関の集中とがあいまって、都市機能の集中が大きく展開していった。そのことが各地方の拠点的都市のテリトリーの確立と関達しあっていることはいうまでもないことであり、戦後、経済の高度成長期を経て現在に至る状況の大きな基礎になっていると判断されよう。また、東京の支所機能の全国性、大阪の支所機能の西日本性という特徴も早い時期からみられたものであるということも付加しておこう。

　第4点として、以上の諸変化の大きな転機として1920年代後半から1930年代が非常に重要な期間であったことを改めて指摘したい。この期間わが国は第一次世界大戦後の反動不況を経験し、次第に政府の指導性が強くなっていく。さらに、日本の産業構造も重化学工業化が進展していった。重化学工業の進展は製造業企業の成長によって推進されたのであり、これら企業の支所配置の展開が地方都市の都市機能の増加に貢献したのである。これらのことがあいまってわが国の主要都市における経済的中枢管理機能が重要になり、戦後現在に至る都市体系の形成につながっていくのである。

注および文献

1) 銀行については本社より本店、支所より支店という用語のほうがなじみやすいので、銀行についてのみ、本店、支店という用語を使用する。なお、支店には出張所を含んでいる。
2) 1県1行主義は、1933年頃一度緩和されるが、2・26事件を契機に準戦時体制へとむかう中で金融統制の必要から、再びこの政策が採用される。
3) その目的は、銀行経営の堅実化にあり、多分に取締的性格をもつものであった。楫西光速・加藤俊彦・大島清・大内力編著（1961）:『日本資本主義の没落Ⅱ』東京大学出版会、p.402.
4) 三井銀行の支店分布は次のとおりである。函館、小樽、京都、東京、横須賀、大阪（2）、神戸、長崎、津、松阪、四日市、桑名、名古屋、津島、大津、広島、広島県安芸郡和庄町、赤間関（現下関）、和歌山、三池。
5) 川崎銀行の支店分布は次のとおりである。千葉、佐倉、佐原、銚子、大多喜、茂原、東金、木更津、北条、松戸（以上千葉県）、水海道、笠間、水戸、結城、下館（以上茨城県）。
6) 東京第一国立銀行の支店分布は次のとおりである。京都、大阪、横浜、神戸、新潟、四日市、名古屋、仙台、秋田。
7) 第三、日本商業、明治商業、根室、二十二、京都、肥後、百三十、信濃、神奈川の各銀行。
8) その分布も東京を除くと、青森、盛岡、仙台、宇都宮、米沢、酒田に各1。福島県9、秋田県6と東北地方に偏在していた。
9) その支店分布を道府県別に記すと、東京25、大阪18、北海道11、長野・岡山10、京都・福岡・熊本7、福島・群馬5、山形・兵庫・広島4、秋田・神奈川・福井・鳥取・香川3、栃木・山口2、青森・岩手・宮城・石川・山梨・静岡・愛知・島根・長崎・大分・鹿児島1。
10) 青森県、秋田、両羽、千葉県、新潟県、富山県、石川県、福井県、山梨、静岡県、京都府、和歌山県、鳥取県、島根県、防長、讃岐、土佐、福岡県、佐賀県、肥後の各農工銀行。
11) 楫西光速・加藤俊彦・大島清・大内力編著（1961）:『日本資本主義の没落Ⅱ』

東京大学出版会、p.402.
12) 鳥取県、島根県―日本貯蓄銀行、広島県―山口銀行、徳島県―三十四銀行の支店である。
13) 後藤新一（1973）：『本邦銀行合同史』社団法人金融財政事情研究会。
14) 新銀行法の施行は1928年1月1日であるが、表3の数字は各年とも12月末日現在のものである。
15) 1940年は1928年に比べると支店所在都市数、支店延べ数ともやや減少している県がみられるが、この理由としては（1）1933年の銀行新政策による支店・出張所の整理の促進、（2）銀行の整理統合により1都市に複数の支店となった場合に1つを残して他を閉鎖した、（3）営業成績不良支店の整理などが挙げられる。
16) 足利銀行も1967年に宇都宮市へ本店が移転した。県庁所在都市に本店をおくことの利点を認めつつも、足利銀行はその発祥の時から上毛地方の機業と深い関係にあったために、発祥の地を離れ難かったといわれている。
17) その後も、1933年、1944年、1945年にそれぞれ森田銀行、福井信託銀行、森田貯蓄銀行を吸収して唯一の県内地元銀行となった。
18) 京都府には表3からもわかるように、1928年には全府で276の支店があった。このうち、158支店が県外銀行のもので、116支店が京都市内にあった。
19) 今の京都銀行は1941年に両丹、宮津、丹後産業、丹後商工の合同により、丹和銀行として設立され、本店は福知山市に置かれていた。1951年に京都銀行として改称し、1953年に京都市に本店を移転した。
20) やや遅れて県庁所在都市が支店網の中心となった場合もある。後段で例として示す青森や富山、石川県の例などがそうである。
21) 当時の大銀行の1つであった横浜正金銀行は1915年において29支店を有していたが、国内では東京、大阪、兵庫、長崎の各府県に1支店ずつあったに過ぎない。
22) 旭川、滝川、留萌、上名寄、深川。
23) 小樽。
24) 小樽、札幌、旭川。
25) 小樽。
26) 湯浅、箕島、鳥屋城。
27) 十二銀行が小樽支店を開設した動機は、次のように伝えられている。「明治時代、伏木から米がたくさん移出され、荷為替が組まれたが、仕向け先は三井銀行小樽支店が独占して、利益は向こうにすっかり吸われた。それで自ら北海道へ進

出しようと考えたのである」（北陸銀行（1978）：『創業百年史』p.348）。十二銀行にとっては、北海道関係は預金で全体の 5 分の 1、貸出で 3 分の 1 であったといわれている（同 p.354）。

28) 青森県における支店の多くは第九十銀行と盛岡銀行のものである。
29) 名古屋の銀行の県外支店は滋賀県においては明治銀行の、三重県においては村瀬、愛知両銀行の支店が多かった。
30) 十二銀行は 1928 年に福井県の第九十一銀行を合併して、福井県に多くの支店をもつようになった。
31) 1915 年では 51 行中岡山市に本店をおく銀行は 6 行、津山市に本店をおく銀行は 3 行であったが、1928 年ではそれぞれ 3 行と 1 行となった。
32) 岡山市に本店を置く銀行は、岡山県農工銀行、岡山合同貯蓄銀行、中国銀行の 3 行であった。
33) 県庁所在都市中心の支店網が重要になってきたことはいうまでもない。例えば、中国・四国・九州地方の 17 県のうち、1896 年では 8 県庁所在都市が資本金額の合計で県内で 1 位ではなかったが、1900 年、1915 年では山口を除いた 16 県庁所在都市がこの点で県内第 1 位となった。1928 年、1940 年では鳥取・佐賀・熊本 3 市の資本金額上の地位が低下するが、これは銀行合同によってそこの有力銀行が他都市の銀行に合併されたことが影響している。このようないくつかの例外があるが、大体において資本金額においても県庁所在都市の地位が次第に高くなってきていたことを指摘しておきたい。
34) 前掲 13) 後藤新一（1973）：『本邦銀行合同史』216p. 社団法人金融財政事情研究会。
35) 前掲 13) p.311.
36) 傳田功（1979）：『滋賀銀行小史』日本経済評論社（日本経済評論社文庫 52）、p.86 ならびに、『滋賀銀行二十年史』p.151.
37) 前掲 36) 傳田功著 p.8 には、同行の関係者が既に立派な本店建物のあることや、地理的にみて県央の位置を占めるといった理由を挙げたりして（彦根）旧本店所在地に新銀行の本店を設置するよう主張したが、結局、緩衝地帯の大津に置くようになった事情が述べられている。
38) 『青森銀行史』（1968）には次のように書かれている。「すなわち来県した同省（大蔵省）普通銀行課長舟山正吉、および同課の藤原太郎は県のあっせんのもとに、同月（1 月）28 日各銀行首脳部を県庁に招致して合同を慫慂したのである。その方針は県下普通銀行を打って一丸として本店を青森市に置くというものであった。」(p.491)（ ）は引用者による。
39) 『青森銀行史』には次のように書かれている。

「しかし、大蔵省の決定でもある上に客観的にいって（本店所在地として）青森市が最適であったのだから、この運動はいつとはなく立消えになったようである。」(p.509) ( ) と傍点は引用者による。

40) 当然の事ながら、これ以後は青森を中心とした銀行支店網になるわけだが、資料として使用した銀行総覧は1940年が最後となっている。そのために新銀行成立後の青森県の銀行支店網図は作成しなかった。

41) この時期におけるこの種の典型例として、北陸銀行成立の事例を挙げることができる。1942年頃、富山県の普通銀行は、十二銀行（本店：富山）、高岡銀行（本店：高岡）、中越銀行（本店：東砺波郡出町）、富山銀行（本店：富山）の4行が残っていた。この年の秋頃、4行の首脳間に国策に順応する気運が生じ、各行においても合併を希望していたわけではなかったが、国家の強い要請に応じるという形で大同団結するととととなった。合併の条件等は大蔵省に一任することにして、新銀行の本店は富山市に置くことなどを定めた合併覚書が取り交わされて北陸銀行が誕生した。北陸銀行 (1978)：『創業百年史』p.547～548) 42)『駿河銀行七十年史』1970、p.584.

43)『岩手殖産銀行二十五年史』1961、p.123.

44)『滋賀銀行二十年史』p.123.

45) 同じく銀行における官金の取り扱いの重要性を指摘したものとして、吉津直樹 (1980)：明治期～第二次大戦前における金融網の地域的展開過程―『五大銀行』を中心として―．経済地理学年報、26-2, pp.10～11 がある。

46) 亀掛川浩 (1962)：『地方制度小史』勁草書房、p.8.

47) 前掲46) p.183.

48) 設立の出願は1882年3月18日、許可を受けたのは1883年2月15日。開業が1886年7月5日で、供給の開始は1887年11月29日である。

49)『電気事業要覧』には供給区域が市町村単位で記載されている。市町村域の一部についてのみ供給というときもその旨示されてはいるものの、山間部など余り需要者がいないと思われる所も供給区域として示されることになるので、やむをえないことだが実際よりは広い範囲が供給区域として図示されていることになる。なお、それほど数は多くはないが、飛び地的に供給区域をもっていた都市もあり、図中の区域の数が必ずしも電力会社が本社を置いていた都市の数を示すわけではない。

50) 図13をみると、津の供給区域が都市規模に比して（例えば1935年の津市人口は65,971人。ちなみに東京市は587万人強）不釣合いとも言えるほどに大きいことが目につく。これは同市に合同電気という大企業が本社を置いていたか

らである。合同電気はその前身を三重合同電気（1922 年に地元 3 社の合同により設立）というが、この三重合同電気は設立以後、吸収を重ね（1922～1932 年の間に 18 社を合併または営業区域を譲り受ける）て拡大する。とくに 1930 年に東邦電力の奈良支店ならびに四日市支店管内と京阪電気鉄道の和歌山支店管内の事業を譲り受けたことが大きかった。しかし、同社は 1937 年に東邦電力に合同されて消滅する。同時に津の供給区域も消滅するのである。東邦電力史編集委員会編（1962）：『東邦電力史』p.230～258.

51）東京市に本社を置いていた企業の数について触れておこう。1911 年にはわずかに 8 社でしかなかったが、1915 年には 28 社となり、1925 年には 33 社となった。しかも、1936 年には一挙に 69 社に増えた（25 の特供会社を含む）。1938 年には 70 社であるから、1926～1936 年の 10 年間における増加の大きかったことがわかる。特供会社の多くが本社を東京に置いた例が多々あることもさることながら、一般供給会社も営業区域は地方に、本社は東京にというケースがこの頃より急増した。

52）例えば次のような記述がみられる。前掲 50）の三重合同電気に対する東邦電力の奈良支店と四日市支店管内の事業譲渡は三重合同側にとっては従来不十分であった電源に関して「確乎たる電源を保持し得られ」たことになり、東邦電力側にとっては「余剰電力に好都合であるのみならず、旧来のごとく各社各自に設備を多くする必要もなく、その間に調節共用を行い得る便がありますから、奈良・四日市両支店供給区域を有しているよりも、なお多くの利益を挙げ得ることに成るのであります。」というものであった。前掲 50）『東邦電力史』pp.231～232.

53）『中国地方電気事業史』p.37.

54）前掲 53）p.121.

55）「…県南部地方における工業は紡績、織物撚糸、製粉、肥料等の諸生産事業があって逐年発展をつづけ、漸次電力の需要が増進の趨勢にあり、これに順応して供給の万全を期するため、倉敷電灯当事者は県北部山陰の国境に接近する地方が地勢傾斜して水力発電の地点に富んでいるのに着眼して、水力発達をもって常用し、南部地方に送電し、既設の火力発電所を予備として利用し、大いに県下の工業界に貢献せんとする目的をもって両社の合併を策した。」（中国水力電気『会社沿革』）前掲 53）pp.207～208.

56）前掲 53）p.139.

57）前掲 53）p.155.

58）前掲 53）p.167.

59) 前掲53) p.239.
60) 前掲53) p.288.
61) 前掲53) p.287.
62) 三宅晴輝（1951）：『日本の電気事業』春秋社、pp.33 ～ 35.
63) 例えば1914年の猪苗代発電所の成功。
64) 五大電力はおよそ10年にわたる激しい電力戦によって疲弊するが、五大電力をさらに窮地におとしいれたのは金輸出禁止である。これによる損失は五大電力会社とその背後の金融資本をも震撼させた。そこで両者は競争緩和を目的として電力連盟を結成するに至った。電力連盟は結成以来、紛争の収拾に努力したが、その結果、五大電力の独占的地位が確立するに至るのである。例えば、前掲50)『東邦電力史』p.101など。
65) 前掲53) p.101.
66) 前掲53) p.53.
67)「時の逓信大臣野田卯太郎は、電気事業の合同を大いに慫慂した。それは、これらの会社（第一次大戦の恐慌などによって疲弊した会社）を救済するばかりでなく、電気事業は成るべく大規模とし、送電連絡を行って送電の経済化を図り、広範囲地域に比較的統一した供給を普及せしめることが、公共事業の使命を果たさしめる効果ありと考えたためである。」前掲62) p.42. （　）は引用者による。
68) ともに時の逓相の名をつけて呼ばれる。なお、国営の構想は1935年時点に既に垣間みられていた。
69) 電力管理法、日本発送電株式会社法、電力管理ニ伴フ社債処理ニ関スル法律、電気事業法中改正法律。
70) 東邦電力史編纂委員会（1962）：『東邦電力史』
71) 前掲70) p.542.
72) 前掲70) p.552.
73) 諮問は「電力の国家管理を為し、国防の充実、国民生活の安定を図り、戦時体制に順応して、生産力の拡充に備え、国防の充実、動力の増員を整え、産業計画遂行の円滑を期するは刻下喫緊の要務なり。したがって之が急速実施に関する具体的方策を諮る」というものであった。前掲70) p.560.
74) 前掲70) p.561.
75) 前掲53) p.268.
76) 前掲53) p.269.
77) 前掲53) p.297.
78) 前掲62) p.225.

79）前掲 70）pp.296〜299.
80）前掲 53）p.170.
81）前掲 70）p.239. なお引用中前記 4 社とは、津電灯株式会社、松阪水力電気株式会社、伊勢電気鉄道株式会社、北勢電気のことであり、後述の合同した 3 社とは北勢電気を除く 3 社のことである。
82）東北電力株式会社（1960）：『東北地方電気事業史』p.95.
83）横山弘（1971）：仙台の都市構造、木内信蔵・田辺健一編著『広域中心都市』古今書院、pp.124〜126.
84）二神弘（1970）：わが国における広域中心都市の成立と発展、富山大学教養部紀要、2、pp.35〜62.
85）吉田宏（1972）：広域中心都市論序説―仙台市を例として―、地学雑誌、81-4、pp.25〜43.
86）柏村一郎・山本博信（1971）：札幌の地域構造の発達、前掲 83）『広域中心都市』所収　p.102.
87）社史編纂委員（1953）：『四国配電十年史』p.16、pp.55〜60.
88）坂口良昭（1971）：四国の広域中心都市―高松―、前掲 83）『広域中心都市』所収　p.186、p.188.
89）「元来北陸地区は他地区にみられない特殊性を有する。すなわち（1）豊富な水力に恵まれ、需要地と電源が近いため、電力原価が低廉であること、（2）水力地点は地勢上貯水池の適地が少なくなるため、特殊電力が多いこと、（3）関東・関西等の大消費地帯から遠距離にあるため、電力の大口消費、とくに豊富なる特殊電力の消費は地元においてなさるべきこと、（4）水力電源に接近して工場適地に恵まれていること、（5）北陸三県は地勢上相互に緊密な関係を有するとともに電力系統においても、二次送電系統が相互連絡し得る状態にあったこと、（6）配電区域としてこれを他地区に編入するよりは独立区域であるほうが、事業経営上能率的とみられたこと」北陸配電社史編纂委員会編（1956）：『北陸配電社史』pp.58〜59.
90）支局、通信局、通信員駐在所などをすべて同等に扱う。
91）伊藤正徳（1943）：『新聞五十年史』鱒書房、p.12.
92）「総動員に必要ありと認むる場合、地方長官は新聞雑誌の発行を停止し得る」『百年の歩み―信濃毎日新聞』（1972）p.347.
93）その内容は例えば「新聞の発行は許可主義とし、その主脳は政府の意にかなう人物たるべきこと」前掲 92）p.353.
94）「（昭和）13 年 6 月には、全国新聞社の代表を集めて『12 年 7 月 1 日から 13

年3月30日までの実績を基準とし、一日一千連以上を使用する新聞社に対しては、一割二分の減紙をおこなう』ことが命令された」前掲92）p.347.

95）共販制度とは文字通り新聞を共同販売する制度である。この頃、政府と軍は「全国の新聞社の販売機構を打って一丸とした一大共同会社をつくり、各新聞社ごとの販売機構は一切なくしてしまおうという」全国共同販売会社案を画策していた。共販制度とはこれに対して新聞社側が規制案として打ち出したものである。新聞社側の自主的な案とはいうもの、それまで各社の販売店として競争していた各専売店を一市町村を単位として一つにまとめるものであり、重大な変化であると同時に権力による締めつけであった（「」は『朝日新聞販売百年史（大阪編）』（1979）からの引用）。

96）「内務省では大戦ぼっ発前から一県一紙を目標に弱小新聞の整理を進めつつあったが、『日本新聞会』の設置に伴う統制規定によって、昭和17年7月24日次のような新聞の全面的整理統合方針を確立した。
　　1．東京都　全国新聞3紙、東京中心のブロック紙1紙、業界新聞1紙（計5紙）。
　　1．大阪市　全国新聞2紙、大阪中心のブロック紙1紙、業界新聞1紙（計4紙）。
　　1．名古屋市　中部地方ブロック紙2紙とするも成るべく1紙に統合する（ただし、朝毎両紙は名古屋における発行を撤廃する）。
　　1．福岡市　九州ブロック新聞1紙（ただし他に朝毎の北九州における発行は、満、鮮、台湾などの外地を考慮してその存続を可としあわせて3紙とす）。
　　1．その他の各道府県は1紙とす」
『読売新聞八十年史』（1955）pp.425〜246.

97）『毎日新聞百年史』（1972）p.203.

98）阿部和俊（1979）：第3節　新聞、北村嘉行・寺阪昭信編著『流通・情報の地域構造』大明堂、pp.211〜218.

99）毎日新聞は大阪毎日だけで既に100万部突破しており、後に合同する東京日日新聞を加えると、この年は180万部と記録されている。前掲97）『毎日新聞百年史』p.374.

100）大阪本社販売百年史編集委員会（1979）：『朝日新聞販売百年史（大阪編）』p.244.

101）前掲97）『毎日新聞百年史』379〜380.
　　　新潟日報社史編集委員会（1967）：『新潟日報二十五年史』のp、39にも次のような記述がみられる。「これより先、昭和5年8月15日、東京朝日新聞が新潟―立川間に郵便飛行を開始。6年9月1日上越線が開通したのに乗じ、10月1日から読売新聞がまず『新潟版』を創設し、東京毎日新聞も通信・販売に北陸

へホコ先を向け始めた」

102）宮崎日日新聞社史編纂委員会（1975）:『宮崎日日新聞社史』p.41. 前掲100）p.240.
103）前掲97）『毎日新聞百年史』p.319.
104）九州地方への両新聞の進出は部分的にはもう少し早くからみられた。前掲97）p.384.
105）西日本新聞社（1951）:『西日本新聞七十五年史』p.350.「大阪両紙の関係は一先ず保留して、当局は福日九日両社の統合斡旋に乗り出し、中央の旨を受けて、本間精福岡県知事ならびに県警察部長が、しきりにその促進を試みた」.
106）前掲101）『新潟日報二十五年史』p.68.
107）山陽新聞社（1954）:『山陽新聞七十五年史』p.346.
108）前掲107）pp.296〜297.（　）は引用者による。
109）大日本麦酒、加富登麦酒。
110）記述にあたっては、以下の文献を参照した。

　　有沢広己監修　山口和雄・服部一馬・中村隆英・宮下武平・向坂正夫編（1976）:『日本産業百年史上・下』日本経済新聞社、397p.　265p.
　　安藤良雄（1980）:『昭和経済史上・下』日本経済新聞社、341p.　438p
　　石井寛治（1989）:『日本経済史』東京大学出版会、247p.
　　大西秀明（1974）:『日本資本主義の再編成』現代評論社、298p.
　　楫西光速（1971）:『続　日本資本主義発達史』有斐閣、402p.
　　楫西光速（1973）:『日本資本主義発達史』東洋経済新報社、239p.
　　楫西光速（1973）:『日本資本主義発達史［補訂版］』有斐閣、369p.
　　柴垣和夫（1973）:『日本資本主義の論理』東京大学出版会、288p.
　　鶴田隆・矢木明夫編（1988）:『日本経済史』山川出版社、326p.
　　長岡新吉・田中修・西川博史（1987）:『近代日本経済史』日本経済評論社、216p.
　　長岡新吉編著（1988）:『近代日本の経済・統計と概説』ミネルヴァ書房、311p.
　　守屋典郎（1972）:『新版　日本資本主義発達史』青木書店、391p.
111）帝国製糸、汽車製造、大阪窯業、大同藍、帝国製紙。
112）名古屋：東洋紡、福助足袋、湯浅蓄電池、大阪窯業。
　　福岡：東洋捕鯨、福助足袋、湯浅蓄電池。
113）1909年‥15.5％、1914年‥18.5％、1921年‥13.7％、1927年‥14.5％、1931年‥14.5％、1935年‥15.9％　いずれも職工5人以上の工場の数値（通

商産業大臣官房調査統計部（1961）『工業統計50年史　資料編1』による）。
114）全国の金属工業、機械器具工業の生産高における大阪府の金属工業、機械器具工業の生産高の占める比率1909年‥31.6％、1914年‥23.8％、1921年‥21.7％、1927年‥26.2％、1931年‥25.1％、1935年‥21.4％、1909年の生産高を100とする指数で表現すると、1914年‥183、1921年‥792、1927年‥1,233、1931年‥963、1935年‥2,925となる。いずれも職工5人以上の工場の数値（通商産業大臣官房調査統計部（1961）『工業統計50年史　資料編1』による）。
115）鐘淵紡績（1965）：『鐘紡製糸四十年史』pp.53〜55.
116）表23、表24を使用して説明したように、この期間のわが国の重化学工業の発展は大きなものがあった。紡織工業は1909年において日本工業全体の49.5％を占め、1935年においても、その比率が低下したとはいえ、30.9％に達していた。一方、金属工業、機械器具工業は1909年には全体の9.5％でしかなかったのに、1935年には30.3％になる。窯業と化学工業を含めて重化学工業とした場合、1909年では23.9％でしかないが、1935年では50.4％にもなる。この時期のわが国の産業構造の変化はこのように顕著であった。

索引

あ行

1県1行主義 7, 13, 32, 33, 133
1県1紙 80, 84, 93, 97, 98, 140

か行

共販制度 81, 140
銀行総覧 5, 9, 34, 136
金融恐慌 7, 13
金融事業整備令 32
金輸出禁止 138
軍需監理部 73
5・15事件 65
広域中心都市 1, 72, 84, 98, 107, 117, 139
国家管理案 45, 65
国家総動員法 68, 80

さ行

新銀行法 7, 13, 32, 34, 35, 38, 39, 134
新聞紙等掲載制限令 80
新聞事業令 80
新聞総覧 77, 79, 88, 92, 95
新聞用紙制限令 80

た行

大正デモクラシー 82
頼母木案 65
地方長官 32, 39, 42, 66, 67, 69, 80, 93, 98, 139

地方別ブロック案 63, 66
中国地方電気事業史 57, 59, 61, 69, 58, 59, 137
電気事業法 64, 65, 68, 138
電気事業要覧 45, 49, 51, 52, 54, 57, 71, 136
電力国営論 65
電力国策要綱 68
電力国家管理の関連4法案 65
電力統制論 65, 67
電力百年史 47, 48, 55
電力連盟 138
届出主義 80

な行

内務省警保局 93
永井案 65
日本新聞会 81, 140
日本新聞連盟 81
日本全国諸会社役員録 41, 99
農村恐慌 61

は行

北海道拓殖銀行法 19

ま行

民有国営論 65

著者紹介

阿部和俊　あべ　かずとし

1949年福岡県北九州市生まれ、1974年名古屋大学大学院修士課程修了。
現在、愛知教育大学地域社会システム講座教授、文学博士。
著書:『日本の都市体系研究』（地人書房、1991）
『先進国の都市体系研究』（地人書房、1996）
『発展途上国の都市体系研究』（地人書房、2001）
『20世紀の日本の都市地理学』（古今書院、2003）
『変貌する日本のすがた―地域構造と地域政策』（山﨑朗と共著、古今書院、2004）
『都市の景観地理　日本編1』（編集代表、古今書院、2007）
『都市の景観地理　日本編2』（編集代表、古今書院、2007）
『都市の景観地理　韓国編』（編集代表、古今書院、2007）
『都市の景観地理　中国編』（王徳とともに編集代表、古今書院、2008）
『都市の景観地理　大陸ヨーロッパ編』（編集代表、古今書院、2009）
『日本の都市地理学50年』（阿部和俊編、古今書院、2011）
日本都市学会賞受賞（1994）
日本地理学会賞（優秀賞）受賞（2009）

書　名	近代日本の都市体系研究―経済的中枢管理機能の地域的展開―
コード	ISBN978-4-7722-3132-9　　C3033
発行日	2010（平成22）年7月20日　初版第1刷発行
	2012（平成24）年4月20日　初版第2刷発行
著　者	阿部和俊
	Copyright ©2010　ABE Kazutoshi
発行者	株式会社古今書院　橋本寿資
印刷所	株式会社カシヨ
製本所	渡辺製本株式会社
発行所	古今書院
	〒101-0062　東京都千代田区神田駿河台2-10
電　話	03-3291-2757
FAX	03-3233-0303
振　替	00100-8-35340
ホームページ	http://www.kokon.co.jp/

検印省略・Printed in Japan

古今書院の関連図書　ご案内

日本の都市地理学 50 年

阿部和俊編

★それぞれの都市地理学研究と時代を一冊に。
　日本を代表する都市地理学者がそれぞれの研究環境、あるいは研究の出発点・契機を執筆した。本書は 29 名のエピソードと文献が満載の日本都市地理学研究外史となっている。年輩には回顧、若輩には栄養となる本書は、編者の才知が産んだ。
〔主な内容〕1 森川洋、2 成田孝三、3 阿部和俊、4 樋口節夫、5 青木栄一、6 佐々木博、7 寺阪昭信、8 實清隆、9 安積紀雄、10 阿部隆、11 杉浦芳夫、12 菅野峰明、13 山田誠、14 小林浩二、15 富田和暁、16 戸所隆、17 高山正樹、18 日野正輝、19 西原純、20 山本健兒、21 津川康雄、22 石川義孝、23 山崎健、24 水内俊雄、25 松原宏、26 根田克彦、27 千葉昭彦、28 香川貴志、29 由井義通
ISBN978-4-7722-6109-8　C3025

A5 判
322 頁
定価 6300 円
2011 年発行

20 世紀の日本の都市地理学

阿部和俊著　愛知教育大学教授

★日本の都市地理学の傾向を読む
日本の都市地理学の研究成果を点検し、どういう成果を生み出したか、どういう問題点があるのか、どういう課題を残しているかを整理した研究史。逐一原典を引用し詳細に分析しているところが特色。巻末には都市地理関連文献のほか、主要 5 雑誌の論分数、単行本リスト、分析手法別論文数を収録。
[主な目次]1 都市地理学における都市とは何か　2 都市地理学と村落地理学と集落地理学　3 第 2 次世界大戦前の都市地理学　4 第 2 次世界大戦後の都市地理学（都市化研究・都市圏研究、中心地研究、都市システム研究、都市の内部構造研究）　5 計量的手法の導入と普及）
ISBN4-7722-6013-7 C3025

A5 判
276 頁
定価 4200 円
2003 年発行